Fabienne Guerrréro : « Dieu m'a fait vivre l'illumination de ma conscience »

W0207717

Lettre de recommandation du Père spirituel

Je soussigné Père Gilles Hervé, prêtre de l'église catholique romaine, recommande Fabienne Guerréro qui fait connaître, dans le monde entier, son expérience spirituelle qui a changée sa vie de foi et qui l'a conduite à proclamer l'évangile de part le monde entier. Elle fait connaître le message de notre Seigneur Jésus Christ à travers son témoignage de conversion personnelle.

Fabienne Guerréro fait également connaître le message que Jésus miséricordieux a dicté à Sainte Faustine Kowalska sur Sa miséricorde.

Je donne crédit à la présentation personnelle de Fabienne Guerréro et à son témoignage qui est fidèle à la doctrine Catholique.

Cordialement,

Père Gilles Hervé
Directeur du Centre Spirituel Diocésain
Directeur des Mass Media

Père Juan Garcia Inza
Directeur spirituel de la Communauté

Fabienne Guerréro
Responsable mondial de la communauté virtuelle
« Les missionnaires de la divine miséricorde »

Le Père Juan Garcia Inza, docteur en droit canonique, juge diocésain, écrivain, collaborateur de divers médias de communication et recteur du Sanctuaire de la Divine Miséricorde en Espagne a nommé, Fabienne Guerréro, le 18 Décembre 2013, Responsable mondial de la communauté.
« Les missionnaires de la divine miséricorde ».

Le siège de cette communauté est le sanctuaire de la Divine Miséricorde en Espagne.

Site internet de la communauté :
http://comunidadvirtualdivinamisericordia.blogspot.fr/

"Des Rose Croix au Christianisme"
(interview du 20/01/2011)
Interview de Fabienne Guerréro
par Mgr. René Laurentin

Le 30 avril 2009, S.S. Benoît XVI a promu « Monseigneur René Laurentin, prélat de sa Sainteté ».

Fabienne Guerrero est née le 14 avril 1964. De taille moyenne, brune aux yeux bleus, elle est vêtue avec modestie. Elle garde la précision qu'elle a cultivée dans sa profession de secrétaire de direction et son parcours contrasté est particulièrement remarquable.

R.L. : Mgr René Laurentin
F.G. : Fabienne Guerréro

R.L. : Vous êtes revenue des sectes au Christ avec une belle lucidité. Racontez-nous cela.

F.G. : J'ai passé ma jeunesse dans la drogue, l'alcool, les boîtes de nuit, les péchés de chair. J'ai écouté de mauvaises musiques, vu de mauvais films, pratiqué le spiritisme, l'astrologie, la numérologie, la divination, fais des études dans le Nouvel Age et eu des contacts avec un gourou qui m'a ouvert deux chakras : le chakra du 3ème œil et le chakra du cœur.

R.L. : *Vous avez aussi fréquenté les Rose- Croix. Qu'est ce que c'est ?*

F.G. : C'est un mouvement ésotérique.

J'ai été initiée dans la loge Haroeris à Marseille d'avril 95 à mars 97.

R.L. : *En quoi cela consistait-il ?*

F.G. : Lors de la première initiation, je suis entrée dans la loge avec une démarche spéciale. Je ne peux détailler pour ne pas me créer d'ennuis.

R.L. : *Avez-vous eu une éducation chrétienne ?*

F.G. : Oui. J'ai été baptisée le 3 mai 1964. J'ai fais le parcours habituel : Catéchisme, communion privée, communion solennelle (profession de foi).

R.L. : *Quand ont commencé vos contacts avec les Rose- Croix ?*

F.G. : En juillet 1993 et j'en suis sortie définitivement en Mars 1997.

Fin 1996, j'ai fais un premier pèlerinage à Medjugorje.

R.L. : *Comment vous êtes vous détachée des Rose- Croix ?*

F.G. : J'ai commencé à réciter le Rosaire et me suis consacrée au cœur immaculé de Marie. Le 9 Août 1998, au cours d'une messe, j'ai fais un pacte d'alliance avec Marie Reine Immaculé de l'Univers en la Fraternité de Bois le Roi.

Sur les conseils du ciel, j'ai fais célébrer des messes (plusieurs trentains) pour mon âme afin de retrouver la paix.

J'ai reçu de nombreux sacrements, y compris l'onction des malades, plusieurs fois, sans être vraiment malade physiquement.

Le Père P. Rémels (Belgique) a réalisé une coupure de liens avec l'ésotérisme que j'avais fréquenté. Tous les matins je fais le chemin de croix, suivi des laudes et de la messe.

R.L. : *Que vous apporte votre « messe orchestrée » le matin ?*

F.G. : Quand je vois le Seigneur au moment de l'élévation je me mets à genoux et je lui demande de brûler mon cœur au feu du sien. Je communie toujours à genoux et dans la bouche.

La messe me donne la force de me donner et de Le suivre.

R.L. : *Vous avez compris que l'union de volonté avec Dieu, c'est-à-dire l'union d'amour (c'est la même chose), c'est l'essentiel.*

F.G. : Oui, ce qui compte pour moi, c'est l'intimité profonde, jour après jour avec Jésus, dans Sa paix et dans Sa joie.

R.L. : *Oui, une volonté qui donne une identification à sa vie !*

F.G. : Oui.

R.L. : *Quand vos déviances ont-elles commencé ? Dans votre enfance ?*

F.G. : A l'âge de 15 ans, j'ai commencé la divination, l'astrologie et la numérologie.

R.L. : *La numérologie, qu'est ce que c'est ?*

F.G. : C'est un ensemble de croyances fondées sur l'attribution de propriétés à des nombres. On fait l'étude d'un thème de vie, sur la base de la date de naissance pour se situer dans une conjoncture astrale.

R.L. : *Qu'en est-il résulté ?*

F.G. : Je suis passée par 3 étapes dont je cherchais la logique.

R.L. : *Et le Nouvel Age ?*

F.G. : Le Nouvel Age est un courant spirituel qui ne vient pas de Dieu. Dans ce mouvement, je n'ai jamais entendu parler de Jésus Christ, en tant que Fils de Dieu.

J'ai appris qu'il existait le « Divin ». Le Divin est l'expression la plus élevée de la conscience cosmique, la vibration (énergie) la plus haute. Il se manifeste par mode d'émanation dans l'énergie intérieure et cosmique. Il coïncide avec le monde et avec l'homme. L'individu peut dire : Dieu est en moi, je suis mon créateur. En un mot, tout est un, tout est énergie, tout est Dieu.

Le Christ du Nouvel Age que j'ai connu est un simple Esprit qui s'est manifesté dans Bouddha et Jésus de Nazareth.

Il ne m'était pas possible d'entrer en relation avec un Dieu personnel, j'étais une simple vague de l'océan cosmique. Mon salut consistait en la connaissance expérimentale de ma nature soit - disant divine. Il fallait que je me réalise personnellement par l'illumination intérieure, les renaissances, la maîtrise de soi et éventuellement par l'acquisition de pouvoirs en me branchant sur l'énergie divine qui assure la purification et l'harmonie avec soi, avec les autres et avec l'univers.

Je me suffisais à moi-même, je n'avais pas besoin de révélation ni de rédemption, ni d'aucune aide extérieure.

Selon la loi du karma, je devais réparer moi-même mes propres erreurs au cours de nouvelles existences. Ma foi c'était « la gnose » (secrets réservés aux initiés) et je ne priais jamais. Je ne croyais même pas au péché.

R.L. : Le Nouvel Age est bien connu ; il se saisit de toutes les facettes de notre culture. Il en fait une synthèse brillante mais inconsistante qui séduit ses adeptes mais les laisse frustrés. Quant aux chakras, ce sont des sens inconnus en Occident identifiés par des Indiens. Il y en a 7 principaux, du chakra racine au chakra coronnaire qui siège au sommet de la tête. Cela vous a soumis à toutes les influences. D'où votre parcours débridé.

F.G. : L'ouverture des chakras m'a détournée de la foi et ouverte à toutes sortes d'aventures hétéroclites qui m'ont détruite.

R.L. : Ce gourou voulait vous ouvrir « au-delà » de nos perceptions ordinaires.

F.G. : Pendant un an j'ai assisté à ses séances de spiritisme. Un jour il m'a proposé de faire un grand nettoyage. Comme je croyais à la réincarnation, j'ai pensé qu'il allait me délivrer du karma c'est-à-dire des servitudes de mes vies antérieures.

Il a posé sa main sur mon chakra du cœur et sur mon chakra du troisième œil en même temps et il a fait une invocation dans une langue que je n'ai pas comprise.

A la séance suivante de spiritisme, la Kundalini s'est levée. J'ai eu très peur car je ressentais une grande force qui me traversait depuis le chakra racine jusqu'au chakra coronnaire et qui me faisait fuser vers le haut.

R.L. : Avec tendance à la lévitation comme il arrive ?

F.G. : Non pas du tout. C'est par la tête que cela me tirait vers le haut, sans atteindre but ni objet.

R.L. : *Qu'est ce qui vous a fait évoluer ?*

F.G. : En fin 1996, je suis allée faire un premier pèlerinage à Medjugorje.

R.L. : *Quel a été votre changement à ce moment là ?*

F.G. : J'ai retrouvé à Medjugorje le goût des sacrements, goût que j'avais perdu depuis l'âge de 15 ans ; j'ai retrouvé le goût de la prière, spécialement du rosaire.

R.L. : *Un certain éclairage général.*

F.G. : Oui

R.L. : *Cela vous a « ouvert » au Christ ?*

F.G. : Oui

R.L. : *Avez-vous reconnu que cela venait de l'Esprit Saint : Il ne se montre pas mais comme les projecteurs qui sont dans notre dos durant les spectacles, Il éclaire la scène : Jésus et son message.*

F.G. : J'ai de suite reconnu l'agir du Saint Esprit.

R.L. : *L'Esprit Saint ne nous instruit pas avec des mots et des paroles mais il nous donne Sa lumière pour que nous percevions le Christ et son action en nous.*

F.G. : J'ai tout accepté du Christianisme. Je m'y suis engagée activement par l'apostolat.

J'ai écris 5 livrets sur ma conversion. Ils ont obtenu l'imprimatur le 1er décembre 2009 et 4 ont été édités chez Téqui.

- J'ai quitté l'Ordre de la Rose-Croix AMORC (Ancien et Mystique Ordre de la Rose-Croix)
- Astrologie ou confiance en Dieu.
- Dieu m'a libérée de la croyance en la réincarnation.

- Jésus miséricordieux m'a libérée du spiritisme.
- Jésus miséricordieux m'a libérée de la voyance.

J'ai aussi créé un site Internet : http ://fabienne.guerrero.free.fr/

R.L. : *Par combien de gens est-il fréquenté chaque mois ?*

F.G. : J'ai enlevé le compteur il y a quelque temps déjà. Actuellement, quelques dizaines de personnes par mois, de tous les pays francophones m'écrivent par E. Mail.

Je diffuse aussi des C.D. sur l'Esprit Saint, les apparitions de la Vierge Marie, les dangers du Nouvel Age, du yoga, du reiki, de la méditation transcendantale, du spiritisme et des C.D. sur l'enseignement de bons prêtres (Père E. Tardif, Père D. Ange, Père Nicolas Buttet, Père Roger Paulin..), des C.D. sur la prière et la louange, des CD sur les divers sacrements, sur la Bible, sur la guérison intérieure, sur l'évangélisation, sur la vie des saints…

R.L. : *Et les Rose - Croix, ils ont disparu de votre horizon ?*

F.G. : J'ai adhérée à l'AMORC de juillet 1993 à mars 1997 et j'ai accédé au 7ème degré du Temple.

R.L. : *Il y a combien de degrés ?*

F.G. : 12, je crois. Après Medjugorje, j'ai écris à l'Impérator de l'Ordre en exprimant mon souhait de partir. Il m'a demandé pourquoi et j'ai répondu : Pour retourner dans l'Église Catholique.

R.L. : *Vos chakras étaient-ils toujours ouverts ?*

F.G. : Oui.

R.L. : *Qui vous les a fermés ? Car ils n'ouvrent pas qu'au Christianisme…*

F.G. : Un prêtre dont je ne me rappelle pas le nom a fait une prière pour la fermeture et tout est rentré dans l'ordre.

R.L. : *Vous avez de la chance que chez vous tout se soit passé si vite et finalement si bien.*

F.G. : Oui, Grâce aux sacrements que j'ai reçus tous les jours car beaucoup restent en difficulté et parfois en meurent quand la kundalini s'éveille.

R.L. : *Peut-on vous demander ce qu'est la Kundalini ?*

F.G. : C'est une puissante énergie qui est logée dans l'os sacrum. Elle s'éveille et monte le long de la colonne vertébrale et travaille de centre en centres jusqu'au chakra corronaire.

R.L. : *Ca vous a aidé à avoir une réceptivité meilleure au Christianisme ?*

F.G. : Pas directement. J'ai commencé à étudier la Bible, la vie des Saints, le Concile Vatican II, le Catéchisme de l'Église Catholique et je voyais que c'était bon.

R.L. : *Ca vous rapprochait de Dieu ?*

F.G. : Oui. Je passais mes après midi dans une église pour faire le chemin de croix et pour passer du temps avec Jésus et là j'ai entendu une voix. Elle sortait du tabernacle et Jésus me disait : « Je suis ton seul Maître ».

R.L. : *Vous l'entendiez ou vous le « perceviez » intérieurement, intellectuellement comme on dit ?*

F.G. : Je l'entendais comme vous me parlez.

R.L. : *Ah oui. Vous entendiez une voix ?*

F.G. : Oui. Une voix qui sortait du tabernacle. Une voix masculine, très forte. Elle résonnait en moi. Cela m'est arrivé d'autres fois.

R.L. : *Si l'Esprit Saint ne parle pas, Jésus qui s'est fait homme peut nous parler en paroles humaines.*

F.G. : Jésus disait aussi : « Mes saintes Plaies te sauveront » car il allait me prendre dans Ses saintes plaies pour me sauver.

R.L. : *Ses plaies, Ses souffrances et Sa mort, vous les a-t-il fait partager ?*

F.G. : Non. Pas encore. J'ai pensé qu'il me fallait un Père spirituel.

R.L. : *Et vous l'avez trouvé ?*

F.G. : Oui. Mon premier Père Spirituel, un père dominicain, a discerné que Dieu me parlait.

Est-ce normal Monseigneur ?

R.L. : *Oui, tout à fait. Vous avez eu la chance de trouver un père clairvoyant.*

F.G. : Je lui ai expliqué que j'avais un ami et vivais en relation maritale avec lui depuis 1994. Après Medjugorje, nous avons fait un mariage civil le 6 septembre 1997, mais nous ne pouvions pas faire le mariage religieux car il avait déjà été marié religieusement, puis divorcé.

R.L. : *Et son épouse restait vivante ?*

F.G. : Oui, elle l'avait quitté pour un autre homme.

Après mon mariage, un soir dans ma chambre, Jésus est venu me visiter et m'a demandé de lui obéir, de faire chambre à part, puis Il m'a dit : « Je demande réparation. Ton péché m'a offensé » puis « Je te veux corps et âme ».

Mon père spirituel a confirmé qu'il fallait vivre la chasteté et Dieu m'a demandé de témoigner de Sa miséricorde.

De retour chez moi, j'ai vécu comme frère et sœur.

R.L. : *Mais a-t-il accepté de vivre cette nouvelle situation ?*

F.G. : Il avait beaucoup de mal. Mais puisque Dieu exigeait la continence, j'ai obéis.

Finalement, le 14 décembre 2000, j'ai divorcé pour suivre le Christ dans le monde car Il m'avait dit : « Je veux que tu me serves dans le monde ».

Après avoir quitté la maison, j'ai beaucoup étudié la foi catholique et début 2003 j'ai créé un réseau d'icônes pélerines de Jésus miséricordieux dans l'obéissance à un Père Pallotin d'Osny, le Père Eugène, avec lequel je travaille toujours. C'est mon guide pour la miséricorde divine.

Il s'agit de faire circuler des icônes que je fabrique dans les familles pour le temps d'une neuvaine. Elles circulent aujourd'hui dans divers pays tels que : FRANCE - GUADELOUPE - MARTINIQUE - ILE LES SAINTES - ILE DE LA DESIRADE -BELGIQUE - SUISSE - LUXEMBOURG - PORTUGAL - PAYS BAS - AFRIQUE - ITALIE.

Certaines personnes qui reçoivent l'icône ne veulent plus s'en séparer. Elles tombent encore plus amoureuses de Jésus. Elles prient le chapelet de la miséricorde.

R.L. : *Ils sont nombreux ?*

F.G. : C'est un grand réseau.

R.L. : *Un réseau international.*

F.G. : Oui dirigé par le Père Eugène.

R.L *Il n'y pas de groupe de prières ?*

F.G. : Non, pas avec ce réseau.

R.L. : *Vous avez une profession ?*

F.G. : Oui. Secrétaire de Direction bilingue. J'ai arrêté après le pèlerinage à Medjugorje pour me consacrer tout entière à l'apostolat.

R.L. : Vous n'avez que 46 ans, vous n'êtes pas à l'âge de la retraite, de quoi vivez-vous ?

F.G. : Ma sœur (mariée, deux enfants) me prête un appartement et mes parents me nourrissent. J'ai refusé l'argent que me proposaient mes éditeurs (Téqui, Parvis, Rassemblement à Son Image…)

R.L. : Vous achetez vos vêtements ?

F.G. : Je mendie car Jésus m'a dit : « Accroche-toi à la pauvreté » « N'aie pas peur de mendier ».

R.L. : Vous êtes très surmenée.

F.G. : Oui, parfois je ne sais où donner de la tête.

R.L. : Vous vivez comme un prophète ?

F.G. : Non. La vierge Marie m'a dit : « Tu n'auras pas de messages (comme les prophètes), mais reste fidèle à mon Fils. Elle me parle de moi uniquement.

R.L. : Vous avez une grâce d'exception : renoncement, lumière et clarté. Restez-y fidèle. Ce n'est pas si facile de durer.

Témoignage
« Dieu m'a fait vivre l'illumination de ma conscience »

(Témoignage donné dans l'Eglise Catholique en Europe, en Amérique, en Afrique, en Australie et en Asie)

La paix de Jésus soit avec vous !

Frères et sœurs bien-aimés, je viens témoigner aujourd'hui que le Christ m'a ressuscitée de ma mort spirituelle.

Mes parents m'ont fait baptiser quelques jours après ma naissance. J'ai suivi tous les cours de catéchisme et j'ai fait ma première communion. Maman, une pieuse femme, m'avait appris à prier tous les soirs le « Notre Père » et le « Je vous salue Marie ». Cependant, après ma communion je n'ai plus fréquenté l'Église Catholique jusqu'en 1996, date à laquelle Jésus est venu me sauver. J'avais 32 ans.

Je vais vous raconter la vie que j'ai menée pendant toutes ces années, loin de Jésus.

Dès l'âge de 15 ans ma vie a basculé. J'ai commencé à fumer, à fréquenter des bars sordides, à tirer les cartes, à pratiquer la numérologie, à écrire à des astrologues. A cet âge là, je ne connaissais pas la Parole de Dieu : « On ne trouvera chez toi personne qui fasse passer au feu son fils ou sa fille, qui pratique divination, incantation, mantique ou magie, personne qui use de charmes, qui interroge les spectres et les devins, qui invoque les morts, car quiconque fait ces choses est en abomination à Yahvé ton Dieu et c'est à cause de ces abominations que Yahvé ton Dieu chasse ces nations devant toi. Tu seras sans tâche vis-à-vis de Yahvé ton Dieu. » (Dt 18,10)

Quand mes études scolaires furent terminées, j'ai passé tous les week-ends dans les discothèques, fumant du haschich, buvant de l'alcool, vêtue de mini-jupes et forniquant sans culpabilité, avec les hommes que je rencontrais. J'étais à la recherche de l'Amour avec un grand A. Satan me tenait dans des liens infernaux, mais j'avais besoin que l'on s'occupe beaucoup de moi et je voulais mourir sans amour.

C'est lors d'une soirée dans un night-club que j'ai fait la rencontre d'un garçon. Au bout de quelques mois, nous avons décidé de vivre en concubinage. Je ne savais pas qu'en ayant des rapports sexuels en dehors du sacrement de mariage, mon âme s'unissait aux esprits impurs. Je ne savais pas que j'étais en état de péché mortel et que si, par malheur, j'avais communié au corps du Christ, j'aurais apporté la condamnation sur mon âme.

Au bout de cinq ans, je l'ai quitté et j'ai déménagé dans une autre ville dans laquelle j'ai fait la rencontre d'une astrologue et d'une rosicrucienne de l'AMORC. L'astrologue me proposa de faire mon thème astrologique karmique et j'ai accepté. Elle m'expliquait qu'il s'agissait d'étudier mon thème astrologique sur la base de mes vies antérieures en étudiant mon karma.

Quelque temps après je suis allée dans un centre de spiritisme, pour écouter les enseignements d'un gourou, dans lequel j'ai trouvé un livre que j'ai étudié et qui s'appelait « L'Évangile selon le spiritisme » d'Allan Kardec. Ce gourou proposa un jour à ceux qui le souhaitaient de participer le mercredi soir à des séances vivantes de spiritisme. Dans mon ignorance, j'ai accepté.

A ces séances, j'ai commencé à voir des médiums qui entraient en transe et qui prétendaient recevoir des messages du saint Curé d'Ars, de saint Padre Pio, de sainte Thérèse de l'Enfant-Jésus ou encore de la Sainte Mère de Dieu, voire quelquefois du Seigneur Jésus-Christ et même des extraterrestres ! Si j'avais su à l'époque que c'étaient les esprits déchus qui délivraient ces messages, j'aurais quitté ce centre de spiritisme immédiatement.

Un mercredi soir, le gourou a proposé à ceux qui le souhaitaient de faire un grand nettoyage de leur âme. Intérieurement, je souffrais beaucoup, mais à ce moment-là, je ne savais pas que c'étaient les péchés accumulés qui m'oppressaient. Moi, je croyais que cette souffrance intérieure était due au karma que j'avais accumulé dans mes soi-disant vies antérieures puisque je croyais à la réincarnation. Je n'avais pas encore pris conscience que la mort est la fin de mon pèlerinage terrestre, du temps de grâce et de miséricorde que Dieu m'offre pour réaliser ma vie terrestre selon le dessein divin et pour décider mon destin ultime. Je ne savais pas encore que quand prendrait fin l'unique cours de ma vie terrestre, je ne reviendrais plus à d'autres vies terrestres. J'ai découvert plus tard que les hommes ne meurent qu'une fois (He 9, 27) et que d'après l'enseignement de l'Église Catholique, il n'y a pas de réincarnation après la mort.

Croyant que le gourou avait le pouvoir de me libérer de mes vies antérieures, j'ai accepté sa proposition et je me suis assise à côté de lui. Il agissait au service du démon et, en acceptant de m'abandonner à son pouvoir, j'ai permis au démon de me posséder. Les mauvais esprits étaient entrés en moi à cause de mes erreurs de voie, cartomancie, pendule, astrologie, horoscope, lignes de la main, initiation au yoga, reiki, vénération de Bouddha, méditation ésotérique, ouverture des chakras, chi kong, etc…

Le gourou a imposé sa main avec les pouvoirs qu'il avait acquis du démon sur deux de mes chakras ! Le chakra du cœur et le chakra du troisième œil ! Puis il me dit qu'il m'avait transmis la lumière. Mais malheureusement il s'agissait de la « lumière » de l'ennemi de Dieu. Ensuite je suis rentrée chez moi et j'ai commencé à me sentir mal.

Lors de la séance de spiritisme suivante, j'ai vécu une expérience très difficile. La kundalini s'est levée. La kundalini, c'est une puissante énergie qui est logée dans l'os sacrum au bas du dos. Quand elle s'éveille, elle monte le long de la colonne vertébrale et travaille de centre en centre jusqu'au chakra coronal qui est situé au-dessus de la tête. Pendant cette expérience, j'ai eu l'impression que j'allais être enlevée au ciel tellement cette énergie était puissante. Ce que je n'avais pas compris à ce moment-là, c'est qu'à travers la pratique du yoga et de l'élévation de la kundalini, j'ai laissé le pouvoir de Satan entrer en moi et me diriger de l'intérieur. Je ne savais pas que la pratique du yoga pouvait ouvrir la porte de mon âme à des entités spirituelles mauvaises. Le yoga n'est pas une simple pratique. Il appartient à une véritable religion dont il est difficilement séparable. Il me fait adorer des divinités et il a une fonction spirituelle. J'ai appris d'un prêtre instruit de ces questions que le yoga est une pratique hindoue qui réalise l'union du moi temporel « Jiva » à « Brahman » l'infini, le concept hindou de Dieu. Ce Dieu est présenté comme une substance spirituelle impersonnelle. Il n'est pas Jésus-Christ, le Dieu personnel de la Révélation. En invoquant des divinités étrangères qui n'existent pas, je risque en réalité d'entrer en contact avec des démons et de m'y soumettre. J'ai alors pris conscience qu'en pratiquant le yoga, j'adorais un autre Dieu que la Sainte Trinité, Père, Fils et Saint-Esprit et par voie de conséquence que je transgressais le premier commandement de Dieu : « Tu n'auras pas d'autres dieux que moi. » (Dt 5,7). Me sentant de plus en plus mal, j'ai alors décidé de quitter ces techniques. A cause de l'ouverture des chakras, je me suis trouvée entre la vie et la mort pendant de très longs mois, et si je suis en vie aujourd'hui, je peux dire merci à Jésus.

Ma soif de connaissances n'étant pas assouvie, je me suis affiliée à l'Ordre de la Rose-Croix AMORC et, rapidement, j'ai commencé à recevoir de petits fascicules à étudier. Je me suis arrêtée au septième degré du Temple. Je me suis aussi affiliée à une loge rosicrucienne dans laquelle j'ai passé plusieurs initiations et ce n'est que plus tard, quand Jésus m'a libérée, que j'ai vu comment Satan m'avait possédée à chaque initiation. J'ai entendu : « C'est Satan qui donne les initiations ». J'ai aussitôt réalisé que les initiations étaient ordonnées par le maître de l'enfer, Lucifer. A chaque initiation, je lui appartenais un peu plus et je m'enfonçais encore plus profondément dans l'abîme. J'ai alors eu une vision de mon âme enfermée dans une prison. Je me suis retrouvée derrière les barreaux. Ce châtiment était lié à mon orgueil démesuré. Moi qui aimait être quelqu'un dans cet Ordre ésotérique, voilà que je me retrouvais prisonnière. J'ai vu mon âme enfermée derrière les barreaux. Ce châtiment était la conséquence de ma superbe qui m'avait condamnée. Satan a été condamné à cause de son orgueil démesuré et j'ai alors pris conscience qu'il m'avait condamné dans sa grande haine et dans son mauvais désir de perdre les âmes. J'ai alors ressenti dans mon cœur tout l'orgueil qui bouillonnait. En fait mon cœur était uni à celui du diable ! Quelle souffrance de découvrir ceci. Pendant toutes ces années passées dans l'ésotérisme, je n'avais pas réalisé que l'orgueil est un péché capital et que si on pèche par orgueil, on meurt spirituellement.

Dieu, dans la genèse au chapitre 3 avait commandé à Ève de ne pas manger le fruit de l'arbre qui est au milieu du jardin : « Vous n'en mangerez point et vous n'y toucherez point de peur que vous ne mourriez » (Gn 3, 3).

Chers frères et sœurs, bien que l'Église nous recommande par le catéchisme de nous garder de l'orgueil, j'avais désobéi en écoutant la voix du serpent. « Vous ne mourrez point » (Gn 3, 4). Mon orgueil avait entraîné la chute de mon âme dans l'abîme.

J'avais étudié dans cet Ordre différentes disciplines : le corps psychique de l'homme, le voyage astral, l'aura humaine, les chakras, les sons vocaux, les mantras…

À travers ces études, j'ai cherché à connaître et à comprendre le dieu qui est appelé « le cosmique ». Mais je n'ai rien compris à ce faux dieu et à ces énergies. Imaginez-vous quelle relation d'amour j'avais avec ce dieu-là ? Aucune. Aucun cœur à cœur d'amour brûlant tel que je peux maintenant le vivre avec Jésus d'Amour dans l'Eucharistie. J'ai alors eu un regret amer de m'être laissée aller à de telles études. J'ai plus tard regretté profondément d'avoir laissé tomber la Sainte Bible. Si j'avais su à ce moment de ma vie que ma recherche déplaisait à Dieu, je l'aurais arrêtée de suite.

Étant donné que je ne lisais pas la Bible, j'ignorais les paraboles que le Seigneur Jésus nous avait données pour nous permettre d'entrer un jour au paradis : « Alors le roi dira à ceux qui seront à sa droite : Venez, vous qui êtes bénis de mon Père ; prenez possession du royaume qui vous a été préparé dès la fondation du monde. Car j'ai eu faim, et vous m'avez donné à manger ; j'ai eu soif, et vous m'avez donné à boire ; j'étais étranger, et vous m'avez recueilli ; j'étais nu, et vous m'avez vêtu ; j'étais malade, et vous m'avez visité ; j'étais en prison, et vous êtes venus vers moi. » (Mt 25, 34-36).

Dans ma recherche dans le Nouvel Age qui ne vient pas de Dieu, j'ai pratiqué le magnétisme, la télépathie, le pendule, toutes sortes de magie, l'hypnose, des respirations Nouvel Age, lecture de l'aura, toutes formes de guérisons par les énergies, par les cristaux, la musique et les couleurs, les méditations sur des musiques du Nouvel Age, le reiki contre lequel les Évêques des États-Unis nous mettent en garde. Et puis, j'ai expérimenté dans mon corps que Satan avait déposé son énergie en moi avec son pouvoir et là j'ai commencé à trembler.

J'ai plus tard étudié la réflexion chrétienne sur le Nouvel Age « Jésus Christ le porteur d'Eau Vive » qui nous est proposée par le Conseil Pontifical de la Culture et le Conseil Pontifical pour le dialogue interreligieux. Ces écrits m'ont démontré que mes études étaient néfastes pour mon âme. (Dans ce rapport, il est écrit que le Nouvel Age fait publicité d'un large éventail de pratiques telles que l'accuponcture, le biofeedback, la chiropraxie, la kinésiologie, l'irridologie, l'homéopatie, les massages et différentes sortes de techniques corporelles (comme l'ergonomie, le feldenkrais, la réflexologie, le rolfing, le massage en polarité, le toucher thérapeutique, etc), la méditation et la visualisation, les thérapies nutritionnelles, les traitements psychiques, différentes sortes de médecine de plantes, la guérison par les cristaux, les métaux, la musique ou les couleurs, les thérapies de la réincarnation et enfin les programmes en douze étapes et les groupes de réalisation de soi).

Dans l'Ordre de la Rose-Croix A.M.O.R.C j'ai rencontré un homme qui était seul depuis des années car sa femme l'avait quitté pour un ami à lui. Quelques mois plus tard, nous avons décidé de nous marier civilement. Nous ne pouvions pas nous marier à l'Église Catholique car il avait déjà reçu le sacrement du mariage.

Et voilà qu'un coup de grâce est arrivé ! En regardant un poster du Sacré-Cœur de Jésus, j'ai entendu sa voix qui me disait : « Mes saintes plaies te sauveront ! » Les plaies de sa douloureuse Passion.

Peu de temps après, lors d'un pèlerinage à Medjugorje, j'ai accepté de réintégrer l'Église Catholique. Pendant le trajet, j'ai senti en moi un grand combat entre le ciel et l'enfer, entre la Très Sainte Vierge Marie et Satan. Quand j'ai déposé mon pied sur la terre de Medjugorje, j'ai entendu le diable dire à la Sainte Vierge Marie : « Marie, tu as gagné ». Il voulait dire par là que la très Sainte Vierge Marie avait réussi à m'attirer dans ce lieu béni. C'était déjà une première victoire pour la Sainte Vierge qui désire ardemment le salut de chaque âme.

Entrant dans la grande église de Medjugorje le démon se mit à dire : « Contre l'amour, je ne peux rien ». Il est vraiment misérable. L'amour le vainc toujours. L'amour de la Mère de Dieu est tellement grand. J'ai découvert qu'elle m'aimait autant que son divin fils. Je me suis mise à genoux devant le Saint-Sacrement exposé, devant la présence réelle de Jésus vivant, corps, sang, âme et divinité !

Après l'adoration, j'ai accompagné le groupe avec lequel je faisais ce pèlerinage. Nous avions décidé de faire le chemin de croix. Ensuite, nous nous sommes tous dirigés vers le foyer qui nous accueillait. La Sainte Vierge Marie m'a alors parlé de la Rose-Croix. Elle m'a dit : « C'est une secte ». Je n'en avais pas conscience.

De retour en France, Dieu m'a donné une première expérience surnaturelle au cours de laquelle Il m'a demandé de faire pénitence ! Il m'a montré mon âme enfermée dans la Bête. Elle avait une tête de lion tel que l'Apocalypse nous la décrit. (« La bête que je vis était semblable à un léopard ; ses pieds étaient comme ceux d'un ours, et sa gueule comme une gueule de lion. Le dragon lui donna sa puissance, et son trône, et une grande autorité. » Ap 13, 2).

J'ai vu les démons qui m'entouraient et qui étaient prêts à m'emmener avec eux dans le lieu de ténèbres. Ces démons étaient liés à chacun de mes péchés. J'ai vu mon péché d'adultère dans le visage d'un démon. Il ressemblait à un être humain mais il avait des yeux haineux. C'était un esprit déchu.

Quand j'ai commencé à regarder plus profondément mon âme, je me suis vue comme une hyène et je suis descendue au fond de l'abîme, dans le cratère de feu, blasphémant et éprouvant de la haine pour Dieu comme les damnés qui vivent comme dans une ruche. Le péché m'avait déformé. Dans ce lieu, j'ai été envahie de sangsues à cause de mon péché avec le gourou. Des larves s'accrochaient à moi. C'était horrible. J'ai vraiment vécu de grandes souffrances en mon âme. C'est ce que vivent tous les damnés pour toute l'éternité. Ils souffrent pour chacun des péchés qu'ils ont commis. L'état de mon âme était la conséquence de mes désobéissances à la Loi de Dieu et Satan dans sa fureur m'a dit : « Je t'ai condamnée aux peines de l'enfer ». Si Jésus ne m'avait pas donné la confiance dans mon salut éternel, je serais tombée en désespoir. Le fait qu'Il m'ait affirmé que ses saintes plaies me sauveraient, a suffi pour me donner beaucoup d'espérance. Jésus n'est vraiment qu'amour et miséricorde. Il a payé très cher pour sauver mon âme.

Je ne savais pas que Satan brûlait en enfer et voulait que tous brûlent avec lui (« et le diable, qui les séduisait, fut jeté dans l'étang de feu et de souffre, où sont la bête et le faux prophète. Et ils seront tourmentés jour et nuit, aux siècles des siècles » Ap 20-10). La Sainte Vierge Marie m'a dit : « La haine de Satan est en toi. » J'ai pu ressentir de nombreuses fois sa grande haine pour tout ce qui a été créé par Dieu. J'ai vu comment Satan et les anges déchus avec les damnés attaquaient les âmes au niveau du cœur et du cerveau pour les détruire. Le plus terrible est que j'entendais mon âme dire : « Satan je t'aime ! » C'était vraiment horrible ! J'étais un démon dans la putréfaction ! Le jour où Jésus m'avait dit : « Tu adores Satan » je ne le croyais pas. Maintenant, j'étais devant le fait accompli. Mon âme adorait le mal.

J'étais une femme du monde, séductrice, courtisée et dominatrice. Je disais que j'étais une femme libérée mais en fait j'étais enchaînée à Lucifer. J'ai vu les chaînes noires avec lesquelles le démon me liait. C'étaient de très grosses chaînes noires. J'ai vu aussi le démon avec une fourche. Il était tout noir, avec un aspect très dur. Les chaînes que j'ai vues représentaient tous les péchés que j'avais commis et qui m'avaient liée à divers démons de la hiérarchie infernale. Seul Jésus a pu couper ces chaînes, avec son Précieux Sang. Si je ne m'étais pas confiée à Jésus, je serais restée liée pour toute l'éternité et j'aurais souffert dans des gouffres de torture pour expier mes péchés. C'est pourquoi je remercie des millions de fois Jésus pour sa douloureuse Passion qui m'a sauvée de l'enfer éternel. Pour l'éternité je chanterai des louanges de la grande miséricorde de Dieu en action de grâce.

Ma rébellion avait commencé en écoutant du rock, les Beatles, ACDC et les esprits de ces mauvaises musiques étaient entrés en moi… et je disais partout : « Peace and love » qui signifie paix et amour. J'employais ces mots avec certains de mes amis hippies. Ma rébellion intérieure m'amena à être en faveur de l'homosexualité, du divorce, du concubinage, de l'avortement. À ce moment-là, je n'avais pas pris conscience que j'étais une grande persécutrice de la loi du Christ, mais vous savez, j'étais liée par l'abîme et je ne pouvais pas réagir autrement. C'est la lumière de Satan, qui n'est autre que ténèbres, qui habitait en moi. Dieu m'a dit : « Tu es une grande rebelle ». J'ai dû reconnaître que c'était vrai ! Si ma mère n'avait pas beaucoup prié et ne s'était pas sacrifiée pour mon âme, je serais, à l'heure actuelle, toujours aveuglée par la lumière de Lucifer. Le jeûne et la prière m'ont beaucoup aidée pour ma délivrance. Jésus m'a expliqué que quand je priais, il priait avec moi, en moi, pour ma libération.

Ensuite, j'ai entendu l'ennemi de Dieu parler à la Sainte Vierge dont il a une crainte terrible. Il disait en parlant des âmes : « Je les tiens toutes, je les aurai toutes » et j'ai aussi entendu qu'il tient beaucoup de prêtres (parce qu'ils ne font pas pénitence et ne prient plus). Si le démon réussit à damner un prêtre avec une femme, alors il jubile car pendant ce temps, le prêtre ne fait plus son devoir qui est de sauver les âmes. Malheur à ces femmes qui détournent les prêtres de leur vocation ! Elles sont déjà sous la justice de Dieu et les supplices de l'enfer les attendent si elles ne se repentent pas. Si vous saviez combien la Sainte Vierge verse des larmes quand elle voit la Bête engloutir de plus en plus d'âmes. Alors elle verse beaucoup de larmes de sang et nous sommes tous coupables de la faire souffrir.

Satan entraîne les âmes sur le chemin de la perdition en leur inspirant l'amour du monde, de l'argent, de la chair et du Nouvel Âge. Personnellement, j'étais condamnée à être violée en enfer par lui pour toute l'éternité si je ne m'étais pas repentie de mes péchés de chair lorsque j'ai pratiqué la masturbation dans ma jeunesse, lorsque j'ai vécu en concubinage ou encore quand je me suis mariée avec un homme divorcé. Je vais vous en parler tout à l'heure. Dieu a été bienveillant envers moi et il m'a dit : « Je t'ai créée de mes mains. » « Ne me fais plus souffrir avec ta chair ». « Montre le bon exemple. » Cela signifiait que je devais vivre dans la pureté et en témoigner.

Quand Il est venu me délivrer, je l'ai vu en vision intérieure et Il m'a dit : « Mon nom est Yeshoua ! Est-ce que tu veux t'en sortir ? » Dieu laisse toujours l'âme libre. Et moi j'ai répondu : « Oui. Je veux m'en sortir. » Je n'avais jamais entendu ce nom de ma vie. J'ai cherché à savoir ce qu'il signifiait. J'ai découvert que Yeshoua est le nom hébreux de Jésus. Il m'a donné ensuite quelques visions de sa vie publique. Je l'ai vu en train de marcher avec trois de ses apôtres. Ils portaient tous une tenue longue marron clair. Il s'est aussi montré à moi quand il priait seul alors qu'il était retiré dans la montagne, ce qui m'a permis de bien voir son visage. Il était très beau. Je l'ai vu également portant la croix sur son épaule. Pour terminer, je l'ai vu mort sur la croix, avec son cœur ouvert d'où coulait le sang et l'eau. J'ai alors compris son amour fou pour les âmes quand Il a dit sur la croix : « J'ai soif ».

À ce moment particulier de ma vie, je ne savais pas que Dieu interdisait les rapports sexuels, en dehors du mariage à l'Église. La Parole de Dieu dans le décalogue nous dit : « Œuvre de chair ne fera qu'en mariage seulement ». Dieu m'a même dit qu'il était interdit de penser à la chair avant de se marier à l'Église et qu'il était également interdit de procréer avant d'avoir reçu le sacrement de mariage. Il m'a éclairé par sa Parole : « Je suis un Dieu à la passion jalouse, qui fait rendre des comptes aux fils pour la faute des pères, jusqu'à la troisième et la quatrième génération de ceux qui me détestent ; mais qui agit avec fidélité jusqu'à la millième génération envers ceux qui m'aiment et qui observent mes commandements. » (Ex 34, 7)

A cet instant j'ai compris que si j'étais tombée enceinte sans être mariée à l'église, l'âme de mon enfant porterait le poids de ma désobéissance envers la Loi de Dieu. J'ai aussi compris que si un enfant était né de moi, il aurait été nécessaire que je fasse célébrer des messes de réparation pour son âme car il serait né sans la grâce divine du sacrement de mariage. J'ai beaucoup d'amis qui ont eu des enfants hors mariage et Dieu m'a invité à leur expliquer le devoir qu'ils ont de rencontrer un prêtre pour demander le sacrement. S'ils se soumettent humblement, par amour pour Jésus qui a tellement souffert pour leur salut, Il délivrera leur descendance de toute malédiction. Dieu ne coupe les liens négatifs que si l'âme regrette sincèrement de l'avoir offensé et accomplit les actes de pénitence.

Dieu permet aussi que j'entende intérieurement le démon et connaisse ses intentions mauvaises afin que je puisse le dénoncer à mes frères et sœurs pour le bien de leur âme. Le démon m'a dit que c'était lui qui donnait le plaisir sexuel. Il a essayé plusieurs fois de me violer ou de me donner du plaisir par des tentations intérieures très fortes, mais il n'y arrive pas car j'ai demandé à la Sainte Vierge de garder mon âme du plaisir et c'est grâce au scapulaire du Mont-Carmel que la Sainte Vierge me protège. J'entends souvent le démon dire : « Si je pouvais, je la violerais ». Et dire que c'est ce qui m'attendait pour toute l'éternité si la miséricorde de Dieu n'était pas venue justifier mon âme par le Précieux Sang du Christ. J'ai fait un vœu de chasteté et cela fait maintenant de nombreuses années que je vis dans la pureté.

Le viol par le démon ou les démons, est un des châtiments de l'enfer pour toutes les âmes qui ne regrettent pas de commettre le péché de la chair : homosexualité, concubinage, divorce et remariage civil. La masturbation est punie s'il n'y a pas de repentir.

Personnellement j'aurais dû expier pendant toute l'éternité si je ne m'étais pas repentie de mes moqueries. J'étais très orgueilleuse, moqueuse et très vaniteuse. La Sainte Vierge m'a aussi demandé de faire pénitence sur le rire car je riais des paroles qui offensent Dieu. Si vous saviez la haine que Satan a pour chacun de nous, pour Dieu et pour les prêtres, c'est terrible. Dieu m'a dit : « Révère mes prêtres. » Les prêtres sont la prunelle des yeux de Jésus. Sans les prêtres, personne ne pourrait avoir accès au ciel car ce sont eux seuls qui nous donnent les sacrements, qui nous ouvrent la Vie du Christ et nous donnent son pardon.

Après ces moments de souffrance intérieure, Jésus m'a remontée de l'abîme en me reprenant en lui et j'ai senti sa puissance me sortir de cet état de ténèbres, dans lequel j'étais terrifiée de tout. Il est plus puissant que tous les démons réunis.

Jésus et Marie m'ont alors parlé. La Sainte Vierge m'a dit :

« Tu as offensé mon cœur immaculé. »

« Mon fils est mort à cause de tes péchés. »

« Tu n'aimes pas assez la croix. »

« Quand tu as peur, viens dans mes bras. »

« Sois fidèle à mon Fils. »

« Bats-toi contre le spiritisme. »

« Ta vie est à moi. »

J'ai compris à ce moment-là que la très Sainte Vierge Marie voulait que je lui consacre toute ma vie et que je la serve. Pour bien être à son service, elle m'a demandé d'être très simple, de m'ignorer et d'être sobre en tout. La Sainte Vierge aime l'humilité. Elle m'a aussi fait savoir qu'elle serait toujours mon avocate auprès de Dieu. Quand on la prie et qu'on la sert, la Vierge Marie est toujours reconnaissante.

Jésus, dans sa grande bonté, m'a consolé d'avoir vécu une expérience spirituelle aussi forte. Il m'a dit avec grande charité : « Tu es ma grande beauté ». J'ai compris qu'il s'agissait de mon âme. J'ai été étonnée quand Il m'a dit « Tu as besoin qu'on s'occupe beaucoup de toi ». J'ai compris à ce moment-là à quel point Dieu était un vrai Père qui veillait sur moi jour et nuit en chaque chose.

Ensuite Il m'a dit « Commence par aimer sincèrement ». L'Esprit Saint m'a montré qu'en fait je n'avais jamais aimé de ma vie et la Sainte Vierge m'a dit : « Tu n'aimes pas partager ». J'ai alors commencé à accueillir les pauvres à la maison, j'ai donné pratiquement tous mes habits et je dépensais tout mon salaire pour aider les nécessiteux. Je ne voulais plus rien garder pour moi. Jésus a ajouté : « N'aie pas peur de tout donner ». J'ai pensé que je devais me débarrasser de tout. Cependant la Très Sainte Vierge Marie m'a dit : « Il ne faut pas se dépouiller complètement ». J'ai alors gardé le strict nécessaire pour vivre. Afin de ne pas être considérée comme « tiède » par le Christ, j'ai compris qu'il fallait que je donne de mon nécessaire et non de mon superflu.

Ensuite j'ai entendu les mots suivants : « Tu fais toute ma joie ». « Tu es à Moi. » « Ne pense qu'à Moi. » « Ne pense qu'à m'aimer. » « Je te guérirai. » « Tu baignes dans mon sang. » « Donne-moi beaucoup d'amour. » « Ne pèche plus. » « Ne vends plus ton âme au diable. » « Ne me trahis plus. » « Ne plaisante pas avec moi » (j'avais l'habitude de plaisanter avec Dieu), « J'aime qu'on me craigne » (il ne s'agit pas d'avoir peur de moi mais d'avoir la crainte de l'offenser car Dieu est Saint. Si on l'offense, on doit faire face à sa justice qui est sa sévérité), « Je suis ton seul maître. » « Je suis le chemin, la vérité et la Vie. » « Ne t'éloigne plus de moi. » « Fuis le monde. » « Fuis les hommes. » « Ne ris pas des pécheurs. » « Aime les tous. » « Renie-toi. » « Dépouille-toi. » « Écoute ma parole, observe mes commandements, observe mes sabbats. » (C'est à dire le jour du Seigneur). « Je suis le Fils de Dieu. » « Je veux que tu sois plus proche de moi. » « Tu m'es très chère. » J'ai compris que Dieu voulait que je sois intime avec lui tout en respectant sa grande sainteté. Il a terminé en disant « Tu ne t'imagines même pas à quel point Je t'aime. » « Lis la Bible. »

La Bible, je ne la lisais jamais. Les commandements de Dieu, je savais qu'il y en avait dix mais je n'en savais pas plus. Alors j'ai acheté une Bible, celle de Jérusalem et j'ai pris connaissance de la Loi de Dieu.

Ce n'est que plus tard, quand j'ai consulté le catéchisme de l'Église Catholique, que j'ai découvert que je vivais depuis l'âge de quinze ans en état de péché mortel (C.E.C 1856).

Jésus m'a alors donné un Ordre : « Défends ma loi. » C'est ce que je fais depuis 1996, ce qui m'a valu bien des persécutions. Ensuite, Jésus a ajouté : « Laisse-moi décider de ton salut éternel. » J'ai alors dit à Jésus : Je comprends Seigneur ce que vous voulez me dire. Si, spirituellement, je me dirige moi-même, je cours vers la catastrophe, mais si vous-même me dirigez à travers mon père spirituel, alors je pourrai voir le ciel un jour. J'ai donc accepté que Dieu décide lui-même de la destinée qu'il avait choisie pour moi. Je lui ai sincèrement donné mon libre arbitre car Dieu est omniscient et qu'il ne peut pas se tromper. Je me suis abandonnée mais cela a pris des années. Jésus m'a alors dit : « Sois soumise en tout. » Je me suis alors soumise à la volonté divine et à mon père spirituel qui me demande, tout comme le Seigneur Jésus, de faire le tour du monde pour témoigner de la grande miséricorde de Dieu.

Suivre Jésus a été assez difficile pendant quelques années et ce n'est qu'après de nombreuses années de combat spirituel intense qu'Il m'a dit : « Tu es prête à me suivre ». J'ai tellement été persécutée qu'à des moments je me demandais si j'allais pouvoir continuer. Jésus m'a alors appris l'abandon à sa volonté. Il m'a donné les grâces pour le suivre ainsi que ses propres vertus, sans lesquelles je ne pouvais plus avancer. Ce qui m'a beaucoup aidée, c'est de méditer la Passion du Christ. Au cours de mes divers voyages dans le monde, je médite la souffrance du Christ pendant le chemin de croix et je me dis que si Jésus a tenu bon jusqu'au bout du chemin de croix pour me sauver, je dois faire de même pour sa gloire.

À ce moment de ma vie, je ne connaissais pas le deuxième commandement « Tu ne prononceras pas le Nom du Seigneur ton Dieu à faux. » (Ex 20, 7). J'ai malheureusement prononcé plusieurs fois à faux le nom de Dieu, alors que ce nom est sacré et j'ai plus tard reconnu ma faute devant un prêtre.

J'ignorais même le troisième commandement puisque je n'allais plus à la messe le dimanche. Je n'y allais pas non plus les jours d'obligation (Noël, l'Ascension, l'Assomption et la Toussaint.). Depuis de nombreuses années, je travaillais le dimanche alors que c'est un jour de repos complet. « Souviens-toi du jour du sabbat pour le sanctifier. Pendant six jours tu travailleras et tu feras tout ton ouvrage : mais le septième jour est un sabbat pour le Seigneur ton Dieu. Tu n'y feras aucun ouvrage. » (Ex 20, 8-10)

Quand j'ai pris connaissance du cinquième commandement, j'ai été couverte de honte « Tu ne commettras pas de meurtre ». (Ex 20, 13). Je pris alors conscience que je me tuais en fumant deux paquets de cigarettes par jour, en prenant des drogues douces, en buvant beaucoup d'alcool, en prenant la pilule. J'ai aussi pris conscience que je tuais autrui en me mettant très souvent en colère contre mon prochain. J'ai aussi tué en ne me préservant pas de la médisance et de la calomnie. Et moi qui me prenait déjà pour une sainte sur terre…

J'ai aussi tué le jour où j'ai conduit à la clinique une amie qui souhaitait se faire avorter. Je ne sais pas si vous savez ce qui se passe pendant un avortement mais c'est affreux. L'avortement est un meurtre. Quand Jésus et Marie m'ont éclairé sur ce péché, j'ai pleuré et je me suis repentie. Maintenant je prie tous les jours pour qu'il n'y ait plus de bébés martyrs et pour que les mamans qui ont avorté se repentent sincèrement. Je prie aussi pour les médecins et tous ceux qui pratiquent l'avortement sur autrui afin qu'ils fassent pénitence et reconnaissent leur erreur devant Dieu. Ils vont devoir réparer ces péchés dans de grandes souffrances après leur mort. Les démons leur infligeront des supplices éternels s'ils ne se repentent pas. Tant que nous sommes dans le temps de la grande miséricorde, qu'ils profitent du sang et de l'eau qui ont jailli du divin cœur.

Ensuite, j'ai retrouvé celui avec lequel je devais faire alliance et je lui ai expliqué que nous devions vivre dans la chasteté jusqu'au mariage.

Quelques mois ont passé et nous sommes allés nous marier à la mairie et ensuite un prêtre nous a reçus et nous a accordé une simple bénédiction. Il a organisé une petite cérémonie devant la Sainte Vierge, sans la bénédiction des bagues, bien entendu. Dès que ce fut terminé, Jésus m'a dit : « Ceci est du mensonge ». J'ai de suite compris que cette simple bénédiction ne lui plaisait pas. Nous sommes ensuite rentrés chez nous. Nous venions d'acheter une maison afin d'y vivre heureux.

Le lendemain de mon mariage, j'ai vécu une expérience extraordinaire. Mon âme s'est retrouvée dans un lieu paisible, comme dans une forêt. Je me promenais avec Jésus et tous les deux nous étions tellement bien. J'étais dans un bonheur total, et quand je suis revenue à moi, j'ai été imprégnée de ce bonheur, de cette plénitude et de cette joie d'avoir parlé avec Jésus, sans toutefois pouvoir me rappeler ce qu'Il m'avait dit. Je ressentais un amour fou pour Jésus et je ressentais combien Il était amoureux de moi. J'en ai encore la nostalgie.

Après avoir vécu cela, je suis allée dans une église et devant le crucifix Jésus m'a dit : « Offre-moi ta vie ». J'étais tellement heureuse que le soir je suis allée à la messe et j'ai communié sans savoir que j'avais un gros péché mortel sur la conscience. Intérieurement je savais qu'il ne fallait pas m'approcher de l'Eucharistie, mais une force irrésistible m'attirait à prendre le corps du Christ. A ce moment de ma vie, je ne savais pas que c'était le démon qui m'incitait à prendre le corps du Christ en état de péché. Il m'y avait poussé pour me plonger dans la perdition. Ce n'est que plus tard que j'ai compris que mon âme s'était enfoncée dans l'abîme à cause de cette communion. J'ai alors compris quand Jésus m'a dit « Tu profanes mon sang ». Le lendemain je suis retournée à la messe et je n'ai pas communié. J'ai alors entendu : « Tu es raisonnable ». Je ne connaissais pas encore la Parole de Dieu que j'ai découvert plus tard : « Ainsi donc, quiconque mange le pain ou boit la coupe du Seigneur indignement aura à répondre du corps et du sang du Seigneur. Que chacun donc s'éprouve soi-même, et qu'ainsi il mange de ce pain et boive de cette coupe ; car celui qui mange et boit, mange et boit sa propre condamnation, s'il ne discerne le Corps. Voilà pourquoi il y a parmi vous beaucoup de malades et d'infirmes, et que bon nombre sont morts. » (1 Co 11, 27-30)

Jésus m'a dit : « Ton âme était perdue ». J'étais bel et bien morte spirituellement sans la confession, vrai sacrement de miséricorde. C'est pourquoi je vais vous parler un peu plus loin de ma première confession.

Beaucoup d'âmes tombent malheureusement en enfer à l'heure de leur mort car elles n'ont pas discerné le corps, elles n'ont pas eu du respect pour le corps du Christ et Jésus les a vomis au jour du jugement particulier de leur âme. Si elles s'étaient confessées à un prêtre, elles seraient peut-être au purgatoire ou au ciel mais pas en enfer.

Après cette expérience, Jésus m'a dit « J'ai un plan sur toi ». En fait Il m'a créée pour la mission qu'Il m'a donné d'accomplir : visiter toutes les nations en témoignant de sa grande miséricorde. Il m'a choisie avant ma naissance pour être son témoin dans le monde.

Deux jours après le mariage, j'ai quitté la chambre conjugale car Jésus est venu m'en retirer en me disant : « Obéis-Moi ». « Je demande réparation ». Alors j'ai dit à Jésus : Tu sais ce n'est pas facile de se repentir aussi vite. J'avais des désirs charnels et Jésus m'a dit : « Il faut tuer le désir » puis il a ajouté : « Ton péché m'a offensé ». « Soumets-toi ma fille » (ce qui signifiait soumets-toi à ma Loi) et Il m'a montré des démons aux yeux cruels auxquels j'étais liée à cause de mon péché d'adultère. Quelle horreur ! Mon âme souffrait le martyre et j'ai entendu mon âme dire « Je suis au fond de l'abîme ». Quelle souffrance mes chers frères et sœurs ! J'étais dans une détresse spirituelle intense. Si j'avais su que le mariage civil allait me conduire au fond de l'enfer, je serais restée célibataire ou encore je me serais mariée à un homme libre, mais sûrement pas à un divorcé qui avait déjà été marié à l'Église. Jésus a voulu me soulager : il voyait que je me détruisais intérieurement car je manquais beaucoup d'amour et je souffrais d'être séparée physiquement du monsieur avec lequel je venais de me marier. C'était une grande blessure. Alors Jésus m'a dit : « Ta plaie est grande ». Puis plus tard, il a ajouté : « Donne-moi ta détresse » et plusieurs fois Il m'a fait reposer dans son Cœur de tendresse pour me faire ressentir combien Il m'aimait. Dieu nous aime à la folie, mais Il ne peut pas renier sa Loi car elle fait partie de lui-même.

Ensuite Dieu m'a fait vivre des moments de paix intense. Le Cœur de Jésus est un océan d'amour, de tendresse exquise et de miséricorde. J'ai alors dit à Jésus : Mon Dieu, faites que je ne perde jamais votre Amour.

Après avoir goûté à cette paix indescriptible, j'ai retrouvé le monde dans lequel je vivais, et je suis partie en voyage en Terre Sainte.

Pour purifier ma chair, je suis allée me baigner dans le Jourdain. Quand Naaman, général de l'armée du roi de Syrie a obéi au prophète Élisée qui lui avait donné l'ordre de se baigner pour être purifié, sa chair redevint semblable à celle d'un petit enfant. (2 R 5, 14). J'ai cru à la Parole de Dieu : « Va te baigner sept fois dans le Jourdain et ta chair redeviendra nette. » Après m'être plongée sept fois dans le Jourdain, ma chair qui était lépreuse est redevenue pure et dès ce moment je n'ai plus eu de rapport sexuel.

Quand j'ai visité Capharnaüm, Jésus m'a dit : « Renie ton mariage ». J'ai alors compris combien mon mariage avec un divorcé avait offensé Jésus étant donné qu'il avait déjà été marié dans l'Église Catholique. (C.E.C 1650 ; Nombreux sont aujourd'hui dans bien des pays, les catholiques qui ont recours au divorce selon les lois civiles et qui contractent civilement une nouvelle union. L'Église maintient par fidélité à la Parole de Jésus Christ : « Quiconque répudie sa femme et en épouse une autre commet un adultère à l'égard de la première ; et si une femme répudie son mari et en épouse un autre, elle commet un adultère » (MC 10, 11-12). Elle ne peut reconnaître comme valide une nouvelle union si le premier mariage l'était. Si les divorcés sont remariés civilement, ils se trouvent dans une situation qui contrevient objectivement à la loi de Dieu. Dès lors, ils ne peuvent pas accéder à la communion Eucharistique aussi longtemps que persiste cette situation. Pour la même raison, ils ne peuvent pas exercer certaines responsabilités ecclésiales. La réconciliation par le sacrement de pénitence ne peut être accordée qu'à ceux qui se sont repentis d'avoir violé le signe de l'alliance et de la fidélité au Christ et se sont engagés à vivre dans une continence complète).

J'ai pensé : Seigneur, que vont devenir tous ces couples qui vivent dans la fornication ? J'ai compris que Dieu sauverait tous ceux qui lui offrent leur continence et répare par une vie de pénitence. S'abstenir de relations sexuelles dans un couple qui n'est pas uni par Dieu dans le sacrement de mariage à l'Église est un acte de pénitence. Cette pénitence répare l'offense faite à Dieu. Si la pénitence est sincère, Dieu libèrera le couple des peines éternelles de l'enfer.

Dieu m'a aussi éclairé sur les couples mariés à l'Église et qui pratiquent l'acte sexuel d'une façon impure. Certains commettent des horreurs avec leur chair et profanent ainsi leur sacrement de mariage. J'ai compris que beaucoup d'entre eux seraient sévèrement châtiés s'ils ne se repentent pas. Comme j'avais été personnellement impure, la Sainte Vierge Marie m'a dit qu'il fallait rester très pure, c'est pourquoi je vis depuis très longtemps dans la chasteté. Je fais pénitence comme Marie Madeleine. J'ai compris qu'Il ne fallait pas jouer avec la chair car jouer avec la chair, c'est jouer avec le démon. J'ai aussi compris que l'acte sexuel est un don de Dieu pour la procréation et non pour le plaisir.

J'ai parlé à un prêtre de ce que je vivais avec le Christ, lors de mon passage à Jérusalem et le prêtre m'a dit qu'il fallait en témoigner dans le monde.

Je suis ensuite rentrée en France et il m'a fallu alors affronter les épreuves qui m'attendaient pour purifier mon âme. Je venais de me marier pour fonder un foyer avec des enfants mais Dieu me dit à ce moment-là qu'il était interdit de procréer (parce que je n'avais pas de sacrement de mariage). J'étais dans une situation d'adultère et j'avais transgressé le sixième commandement de la loi de Dieu « Tu ne commettras pas d'adultère ».

Le lendemain matin j'ai cherché un prêtre confesseur qui me reçut avec charité et je lui ai expliqué ce que Dieu me demandait. Le prêtre m'a confirmé qu'il fallait que nous vivions comme des frères et sœurs et il a ajouté que je pourrais communier si j'acceptais de dormir dans une chambre séparée pour observer la chasteté. Il m'a expliqué que le divorce ne rompt pas le mariage à l'Église et que mon mari restait marié devant Dieu à son épouse légitime jusqu'à ce que la mort les sépare, même si elle avait refait sa vie. Ce que Dieu a uni que l'homme ne le sépare pas !

Je sais très bien que Dieu va demander des comptes à cette femme. Dieu m'a dit qu'il pleurait sur les femmes infidèles. Cette femme qui a quitté son mari se verra entendre dire par Dieu lors de son jugement particulier : Femme qu'as-tu fait de ton mari ? Si elle avait prié Dieu, Il les aurait réconciliés, mais son cœur était très dur. L'âme d'une femme qui ne pardonne pas à son mari ou qui le quitte est dans l'abîme. Il en va de même pour l'homme qui quitte sa femme. Toutefois si la femme quitte son mari parce que sa vie est en danger, c'est différent. Dans ce cas, l'Église permet la séparation de corps, mais pas le divorce.

Si un mari trompe sa femme et la quitte pour une autre, pour se remarier ou pas, il commet un adultère et doit en rendre un compte très sévère à Dieu au jour du jugement particulier.

Est-ce que l'homme ou la femme qui quitte le foyer pense aux conséquences que cela va entraîner pour les enfants ? Au jour du jugement particulier de leur âme, le père et la mère doivent rendre un compte très sévère à Dieu quant à l'éducation chrétienne et l'amour qu'ils ont donné à leurs enfants. Ils doivent répondre de leur paternité et de leur maternité. Est-ce que ces personnes-là savent que leurs enfants seront perturbés toute la vie à cause de leur infidélité ? L'homme est souvent égoïste et ne pense qu'à lui. Mais quels comptes à rendre à Dieu au jour du jugement particulier de leur âme ! Quand le film de toute la vie défilera devant leurs yeux et que le péché sera inscrit dans le livre de la vie, quelle souffrance va éprouver l'âme si ce péché n'a pas été effacé par la confession sacramentelle. Quelle souffrance va éprouver l'âme si elle ne s'est pas repentie de son vivant… Et quelle souffrance va ressentir l'âme quand elle va éprouver et vivre les conséquences de son infidélité et la souffrance qu'elle a causée aux enfants, comme moi je l'ai ressenti car j'avais fait souffrir les enfants de mon mari en demandant qu'il divorce. Bien que sa femme lui demandât aussi le divorce depuis des années, je n'aurais, personnellement, jamais dû le faire.

Je peux vous dire que même après des années, je ressens encore, dans mon âme, un grand désespoir d'avoir fait souffrir la fille du monsieur avec lequel j'avais contracté une alliance civile. Un jour où cette enfant pleurait et souffrait à cause de notre mariage, Dieu m'a dit d'un ton sévère : « Fais pénitence ». Seize ans après, je souffre encore des conséquences de ce mariage. Et j'ai dit à Dieu : « Ces enfants, puisqu'ils ne sont pas à moi, pour réparer mon péché, je vais prier toute ma vie pour leur salut. Je les aime comme mes propres enfants et je veux les retrouver un jour au ciel ». Dieu a été touché et Il m'a dit qu'il voyait le cœur de leur propre maman et le mien. Leur maman leur avait imposé un autre homme depuis leur toute petite enfance et elle n'avait jamais prié pour eux. Dieu a vu mon cœur et quelques mois plus tard, après m'être sincèrement repentie, Il m'a dit : « Tu as ma miséricorde ». Dieu n'accorde sa miséricorde que si on est sincèrement contrit de son péché. Qui ne veut pas passer par la porte de la miséricorde de Dieu, doit passer par celle de sa justice. La justice de Dieu qui est aussi sa sévérité est terrible. Elle est aussi grande que sa miséricorde.

Frères et sœurs, qui sommes-nous pour ne pas nous pardonner les uns les autres, alors que Dieu a pardonné à ses bourreaux sur la croix ? Comment voulez-vous être réunis au ciel avec vos ennemis si déjà sur terre vous ne les aimez pas. Dieu m'a dit : « Si tu veux que je te pardonne, pardonne aux autres » comme Il nous l'a enseigné dans la prière du « Notre Père ». Quand Dieu m'a dit cela, sa voix a tonné dans l'église dans laquelle je me trouvais. Elle était tellement puissante que je me suis fait toute petite. Dieu m'a libéré en vérité quand j'ai pardonné à tous, quand j'ai fait célébrer des messes pour mes persécuteurs, quand j'ai prié et jeûné pour ceux qui m'ont blessée...

Comme j'avais beaucoup d'angoisses, le ciel m'a dit : « Tu auras la paix au bout de nombreuses messes ». J'ai alors fait célébrer plusieurs trentains de messes et pendant que ces messes étaient célébrées pour mon âme je souffrais terriblement car Dieu libérait mon âme du mal. Je me souviens d'un jour où je m'étais allongée par terre, tellement je souffrais moralement et physiquement et j'ai entendu : « C'est tout le ciel qui souffre en toi ». La Très Sainte Vierge m'a dit à ce moment-là : « Va prendre les sacrements » et elle a ajouté « Marie te libérera de tous ces démons » et j'ai entendu plusieurs démons qui m'ont quittée en sifflant. Cela m'est souvent arrivé. J'ai alors décidé d'aller rencontrer un prêtre. Comme j'avais honte de mon péché et que j'avais un peu peur de me retrouver seule avec un prêtre, j'ai pensé qu'une confession collective serait très bénéfique pour mon âme.

En ouvrant le code de droit canonique j'ai lu les conditions pour qu'une absolution collective soit valide. (L'absolution ne peut pas être donnée par mode général à plusieurs pénitents ensemble, sans confession individuelle préalable, sauf si un danger de mort menace et que le temps n'est pas suffisant pour que le ou les prêtres puissent entendre la confession de chacun des pénitents. L'absolution collective ne peut être donnée que s'il y a une grave nécessité, c'est à dire si, compte tenu du nombre de pénitents, il n'y a pas assez de confesseurs disponibles pour entendre comme il le faut la confession de chacun dans un temps convenable, de sorte que les pénitents, sans qu'il y ait faute de leur part, seraient forcés d'être privés pendant longtemps de la grâce sacramentelle ou de la sainte communion ; mais la nécessité n'est pas considérée comme suffisante lorsque des confesseurs ne peuvent pas être disponibles pour le seul motif du grand afflux de pénitents, tel qu'il peut se produire pour une grande fête ou un grand pèlerinage. Pour qu'un fidèle bénéficie validement d'une absolution sacramentelle donnée à plusieurs ensemble, il est requis non seulement qu'il y soit bien disposé, mais qu'il ait en même temps le propos de confesser individuellement, en temps voulu, les péchés graves qu'il ne peut pas confesser ainsi actuellement).

Après avoir pris connaissance de cela, j'ai renoncé à la confession collective et j'ai décidé de rencontrer un prêtre pour faire une bonne confession privée. Jésus m'a encouragée en me disant : « Reconnais ta faute ». À ce moment, le démon dans sa fureur m'a dit : « Je te tiens liée » « Va en enfer » ! Il sentait qu'il allait perdre mon âme dès que je me serai confessée. J'ai aussitôt couru à l'église et le démon m'a poursuivie en me disant : « Tu es pardonnée, tu es pardonnée ». Mais je savais très bien que si je me confessais directement à Dieu sans passer par le prêtre, je ne pourrais jamais entrer au ciel et je savais que si je n'entrais pas à l'intérieur du confessionnal, je ne serais pas déliée de mes péchés par l'Église qui seule détient ce pouvoir. Alors j'ai tenu bon. Le démon m'a quittée et le prêtre m'a reçue avec beaucoup de charité mais il a été un peu étonné de voir que j'avais en main de nombreuses feuilles sur lesquelles j'avais noté tous mes péchés. Je les avais écrits afin de ne pas les oublier. Chers frères et sœurs, je vous laisse imaginer la montagne de péchés accumulés dans mon âme depuis ma première communion…

J'ai fait confiance à l'Église Catholique, la seule église que le Christ a fondé sur Pierre, le premier Pape, et j'ai commencé à citer mes péchés sans regarder le prêtre dans les yeux car à ce moment-là, j'avais beaucoup de honte. Je ne savais pas encore que Jésus était présent dans le prêtre pour me prendre dans ses bras d'amour et me laver dans son Précieux Sang. J'ignorais que la confession est une étreinte d'amour avec le Christ. Si, à ce moment précis de ma vie, j'avais su que les démons sont obligés de retourner en enfer au moment de la confession, je n'aurai pas attendu toutes ces années pour me confesser et ainsi je n'aurai pas gardé en moi tous ces démons avec lesquels j'avais péché. J'ai alors plongé ma tête dans mes papiers et j'ai lu ce que j'avais noté.

J'ai confessé tout ce dont je vous ai parlé précédemment (fréquentation des bars, boîtes de nuit, fornication, masturbation, mariage civil, adultère, concubinage, alcool, drogue, tabac, croyance en la réincarnation, Rose-Croix, spiritisme, astrologie, numérologie, cartomancie, Nouvel Âge…) et j'ai ajouté :

J'ai éprouvé de la haine envers Dieu et mes frères et sœurs, Je n'ai pardonné à personne, Je me suis rebellée contre Dieu, J'ai toujours désobéi à mes parents et à mes directeurs dans le travail, j'ai pris la pilule, j'ai porté des mini-jupes et des décolletés et j'ai fait pécher les hommes par le regard, j'ai péché par des paroles et des pensées impures et sans charité, j'ai calomnié, j'ai insulté, j'ai maudit, j'ai beaucoup menti, j'ai volé, je ne suis pas allée à la messe le dimanche et les fêtes d'obligation, je n'ai pas fait le carême correctement depuis des années, j'ai eu honte de ma famille, j'ai eu honte d'être pauvre, j'ai poussé des personnes à se mettre ensemble, j'ai conduit une amie se faire avorter dans une clinique, je n'ai pas prié, je n'ai pas partagé avec les pauvres, j'ai eu beaucoup d'idoles avec la musique et les artistes, j'ai vu des films X, des films de peur, des films de violence, j'ai lu de mauvais livres qui n'ont pas porté à la sanctification de mon âme, j'ai été très moqueuse, j'ai abusé de la nourriture, j'ai calomnié, j'ai abusé de la bonté des gens, j'ai abusé du maquillage, j'ai porté des vêtements trop luxueux… J'ai aussi ajouté tous les péchés capitaux que j'avais commis car ils ouvrent la porte de l'enfer à mon âme s'ils ne sont pas confessés : l'orgueil, l'avarice, l'envie, la colère, la luxure, la gourmandise, la paresse. Le prêtre m'a écoutée avec patience et charité et depuis ce temps, je me confesse régulièrement toutes les semaines.

Chers frères et sœurs, pour chacun de ces péchés, je m'étais liée aux hiérarchies démoniaques. En enfer, il y a toute une armée de démons auxquels il faut résister avec le jeûne, la prière, la pénitence et le Saint Rosaire. Jésus m'a dit : « Fuis le monde ». J'ai compris qu'il me disait cela car je passais mon temps chez les esthéticiennes, dans les grands restaurants, dans les boîtes de nuit, je faisais des voyages dans des lieux de rêve, j'achetais des habits de luxe dans les grands magasins. J'ai alors compris que c'était le démon qui m'avait donné cela pour la perte de mon âme. Tant que je vivais du monde, je ne pensais pas aux pauvres, d'où ma condamnation avec l'argent. Satan m'a alors dit : « Je te tiens liée ». Je vous assure que les chaînes qui me liaient à la hiérarchie infernale étaient très lourdes.

Dès ce moment, j'ai compris que Dieu autorisait les démons à me tenter pour que je fasse le choix libre d'aller au ciel ou d'aller en enfer. Dieu m'a donné une totale liberté de choix. La possibilité de l'aimer ou d'aimer le diable. J'ai compris pourquoi Jésus nous a prévenu : « Veillez et priez pour ne pas entrer en tentation : l'esprit est ardent, mais la chair est faible." » (Mt 26,41)

Le chef des démons s'appelle « Lucifer ». C'est lui que j'entends souvent hurler quand je travaille pour Dieu. Je l'ai entendu hurler plusieurs fois quand j'ai écris ce témoignage.

Il existe plusieurs hiérarchies démoniaques en enfer. Ces démons nous tentent sur l'orgueil, le vice, l'avarice, l'amour de l'argent…, Il existe également une milice au paradis. Saint Michel Archange en est le grand chef. Quand je prie le chapelet de Saint Michel aux 9 chœurs des anges, j'invoque le cœur céleste des Séraphins, des chérubins, des trônes, des dominations, des puissances, des vertus, des principautés, des archanges et des anges. Il y a la même hiérarchie en enfer. Cependant la hiérarchie céleste est plus forte car elle comprend deux tiers des anges. Le tiers qui reste représente les esprits déchus.

Chers frères et sœurs, une fois que j'ai révélé au prêtre tous mes péchés, j'ai loué Jésus pour son précieux sang car pendant ma confession, tous les démons qui étaient en moi sont retournés dans l'enfer, car j'avais fais une confession très sincère. Je n'avais rien caché au prêtre. Si j'avais volontairement caché quelques péchés, ma confession aurait été sacrilège et par voie de conséquence, je n'aurai obtenu aucune grâce. J'ai profité du sang et de l'eau qui ont jailli du divin cœur de Jésus comme une source de miséricorde.

Après ma confession, je suis allée faire ma pénitence devant le tabernacle et là, Jésus m'a dit avec tout son amour de Père : « Ton péché est effacé ». Quelle grâce ! Oui, chers frères et sœurs, mes péchés, Jésus les a effacés. Mes misères, Il les a consumées. Ma faiblesse, Il la soutient. Mes péchés confessés ont disparu du livre de vie dans lequel tout est noté. Quelle grâce que le sacrement de la confession ! Quelle bonté de Dieu de prendre tous mes péchés sur lui ! Pour toute l'éternité je louerai sa miséricorde infinie.

Avant que je me confesse, j'ai entendu mon âme dire « Je suis au fond de l'abîme ». Après que je me sois confessée j'ai entendu « Je suis au fond du purgatoire ».

Jésus m'a expliqué que, bien que le péché soit effacé, il fallait que je le répare tant que je suis sur terre. Dans le cas contraire, j'aurais du réparer en purgatoire. Il m'a fait voir la souffrance de mon âme en purgatoire qui expiait les péchés de chair que j'avais commis et j'ai entendu : « Expiation du péché de chair ». Je ressentais dans mon âme les tortures que m'infligeaient les démons, furieux que je les ai quittés. J'ai accepté ces souffrances en esprit d'humilité et en esprit de réparation et j'ai demandé à Dieu des grâces pour supporter ce que j'avais à expier. Quelle honte ce fut pour moi de voir intérieurement que c'était Satan qui avait fait des impuretés sur mon propre corps. Moi qui aimait tant le plaisir sexuel, mon âme s'est mise à beaucoup pleurer et à regretter. Mais il me fallait réparer.

Moi qui aimait les mini-jupes et montrer ma poitrine, voilà que mon corps était dans la géhenne. Pour garder un beau corps, j'avais passé mon temps à faire des régimes, à faire du body building, du sauna, du jacuzzi. J'ai même pratiqué la chirurgie plastique. Cela m'avait servi à quoi, puisque je me retrouvais dans les flammes de l'enfer. J'ai ressenti plusieurs fois ces flammes vengeresses. Elles sont terribles et très puissantes.

Sans le précieux sang de Jésus, que serais-je devenue ? Seul le précieux sang de Jésus peut éteindre ces flammes. Jésus m'a alors dit : « Respecte ton corps » et il a ajouté « Sois très pudique avec moi ». La Sainte Vierge m'a alors dit : « Marie aime que tu t'ignores » et elle a ajouté : Il ne faut pas vivre pour soi. J'ai alors compris qu'il fallait vivre pour servir les autres.

A partir de ce moment, je me suis rapprochée de Sainte Marie Madeleine et je lui ai demandé de m'aider à cheminer dans la pureté. J'ai supplié Dieu de me garder de toute tentation charnelle. J'ai aussi supplié la Très Sainte Vierge Marie de garder mon âme des tentations charnelles intérieures. J'ai fait appel à Notre Dame du Mont Carmel.

Dès ces moments, les tentations intérieures se sont arrêtées mais les démons se sont acharnés contre moi pendant les rêves. Ils me faisaient voir et vivre des choses érotiques. Comme cela m'ait arrivé plusieurs fois, sans que ma volonté soit engagée, puisque je dormais, j'ai décidé d'aller en parler à un prêtre. Je m'en suis même confessée. Le confesseur m'a alors dit qu'il s'agissait d'une purification pour mon âme car j'avais beaucoup péché. Dieu m'a encore une fois lavée dans son sang.

Quand j'ai eu quitté le prêtre, je suis rentrée chez moi. J'ai alors commencé à sentir beaucoup d'angoisse car il fallait que je parle à mon mari qui était devenu mon frère en quelques heures ; il a accepté cette situation très difficilement mais l'a quand même acceptée car il s'agissait du salut de son âme. Je lui ai ensuite expliqué que j'allais quitter l'Ordre de la Rose- Croix AMORC.

Persuadée désormais que j'avais suivi une profonde erreur de voie, et après avoir lu un livre de Mgr Tournyol du clos, j'ai commencé à déchirer en petits morceaux tous les livres d'auteurs rosicruciens, tous les livres sur la numérologie, les lignes de la main, la cartomancie, les livres sur le spiritisme d'Allan Kardec et de Léon Denis et les livres du New Age comme ceux d'H. Blavatsky ou d'A. Bailey ou encore les livres sur les sciences occultes. J'ai fait également disparaître de ma bibliothèque les livres de Lopsang Rampa, Allan Kardec, Léon Denis, Gabriel Delanne, Annie Besant, Rudolf Steiner, Khrishnamurti, Confucius, Encausse Gérard, Eliphas Lévi, Cagliostro, Adb Ru Shin, S. Freud, Meurois-Givaudan, E. Cayce, Khalil Gibran, René Guénon, Carl Jung, la Kabbale, la Bhagavad gita, le Bardo Thodol, les livres sur la communications avec les anges liés au Nouvel Age… (Mgr Tournyol du Clos :

Peut-on se libérer des esprits impurs ? « Si vous avez été en contact avec l'occultisme, l'ésotérisme, le spiritisme, l'astrologie, la sorcellerie, la magie, l'hypnotisme, le reiki, le yoga, la méditation transcendantalc, le Nouvel Age et toutes espèces de sectes ; ou encore avec des pranothérapeutes, soit disant guérisseurs ou magnétiseurs, qui soignent par imposition des mains, passes magnétiques ou radiesthésie ou pendule ; si vous avez rendu visite à des voyants ou voyantes tels que mages, devins, marabouts ou gourous, à des cartomanciennes qui lisent dans les cartes ; à des chiromanciennes qui lisent dans les lignes de la main ou à des nécromanciens qui consultent les esprits des défunts : sachez que vous vous êtes adressé à des individus qui travaillent avec le démon et que vous avez donné à Satan un certain pouvoir sur vous. Si vous-mêmes avez cherché à connaître l'avenir, même par jeu dans les tarots ou les horoscopes, si vous avez porté des porte-bonheur tels que talismans, amulettes, signes du zodiaque ; si vous avez fait - ou si on a pratiqué pour vous - des préparations occultes, si vous avez prononcés des formules ou répété des mots secrets comme les mantras par exemple, enfin si vous avez fréquenté des lieux empoisonnés par la sorcellerie, le vice ou la dépravation morale ; à plus forte raison si vous-même avez passé un pacte avec Satan, fait de la magie, évoqué les morts ; lancé des sorts, proféré des malédictions ou des blasphèmes, vous devez avant tout vous efforcer de vous rendre compte que vous avez gravement offensé notre Père du ciel. Mgr Tournyol du clos nous invite, dans une confession exhaustive à demander à Dieu de nous pardonner ces égarements et ces péchés qu'Il a en abomination, même si ces évènements sont anciens et si, à l'époque, nous n'étions pas conscient de l'offenser).

Je me suis débarrassée de tous ces livres qui ne viennent pas de Dieu car tant qu'ils restaient chez moi, les démons y habitaient également. Je les ai déchirés puis jetés. Une fois que la sainte Vierge a été intronisée dans le domicile, le calme est revenu dans ma maison. J'ai remplacé tous mes anciens livres par la Bible, le catéchisme de l'Église Catholique, la vie des saints.

Après avoir reçu de nombreuses fois le sacrement de la réconciliation, j'ai rencontré plusieurs prêtres qui m'ont fait des prières de coupures de liens en rapport avec mes études ésotériques et j'ai reçu plus de dix fois le sacrement pour les malades car mon état était très critique à cause de l'ouverture des chakras et de l'agir de Satan qui m'avait détruite intérieurement. Les divers sacrements m'ont aidée à guérir spirituellement.

Afin d'être protégée des forces du mal, je me suis consacrée aux cœurs unis de Jésus et de Marie. A cet effet, j'ai récité la prière suivante :

Au Nom du Père, du Fils et du Saint-Esprit. Amen.

Père éternel, vous avez reçu la plus haute gloire des Cœurs de Jésus et de Marie. Votre Divin Fils, devenu homme, a, en union avec sa Mère, parfaitement accompli votre Volonté en Esprit d'expiation aimante. Nous vous offrons à nouveau cette louange pour que vous nous bénissiez et nous guérissiez par ces Saints Cœurs, et également pour que vous nous envoyiez l'Esprit-Saint qui renouvellera la face de la terre.

Divin Rédempteur, nous reconnaissons que vous êtes le Fils du Père éternel, le seul Médiateur entre Dieu et l'homme. Conformément à la Volonté du Père éternel, vous avez associé votre Sainte Mère à votre mission, à titre de Médiatrice et de Co-rédemptrice.

Dans un esprit de vive confiance nous nous consacrons (notre famille, notre communauté…) aux Cœurs Unis de Jésus et de Marie, afin de tirer profit de votre promesse et pour obtenir l'unité dans la charité.

Nous nous engageons à vivre nous-mêmes dans l'esprit des Cœurs de Jésus et de Marie, et à contribuer à ce que les demandes contenues dans la prière que vous nous avez enseignée puissent se réaliser.

Partout où notre influence peut s'exercer, nous nous efforcerons de faire honorer le Nom de Dieu, d'établir le Règne de Dieu parmi nous et de tout accomplir selon votre divine Volonté. Alors Dieu bénira aussi la terre et le pain quotidien pour tous.

Vous nous pardonnerez nos péchés et inclinerez nos cœurs à la paix. Miséricordieusement, vous nous préserverez de nouvelles fautes et, enfin, vous nous délivrerez de tout mal.

Lorsque nous aurons ainsi la joie de constater que, par l'intercession de Marie, vous nous aurez secourus, comme vous avez opéré votre premier miracle à Cana sur son intervention et en union avec la Volonté du Père, alors toute la terre se joindra à l'Église pour reprendre la salutation de l'ange et prier : Je vous salue, Marie… Mus par une absolue confiance, scellons l'alliance avec la plus grande puissance de l'Amour sans jamais la rompre. Seigneur, guidez-nous tous les jours de notre vie par votre Esprit-Saint jusqu'à ce que nous nous présentions à la porte de la Patrie céleste. Amen.

Chers frères et sœurs, la grâce liée au culte des Cœurs Unis de Jésus et de Marie rompt les prédispositions héréditaires.

Un jour, j'ai été tentée de demander la nullité du mariage de mon mari. Il avait été marié dans l'Église Catholique quatorze ans auparavant. Pour bien agir, j'ai écrit au Vatican et j'ai reçu un courrier de leur part m'expliquant qu'il fallait qu'il y ait une cause valable et sérieuse pour faire une telle demande. J'ai alors reconnu devant Dieu que je n'avais pas le droit moral de faire cette demande en nullité puisque tous les deux avaient été pleinement consentants au moment de leur sacrement de mariage. Alors, en conscience avec Dieu, j'ai renoncé à faire cette demande. Cependant si je l'avais fait, j'aurai dû en rendre compte à Dieu au jour du jugement particulier de mon âme, car j'aurai été responsable de l'acte que j'aurai posé. Tout acte a une conséquence dans ma vie et cette conséquence peut être désastreuse pour mon âme. Personnellement, j'ai préféré être prudente pour le salut de mon âme. « Ce que Dieu a uni que l'homme ne le sépare pas ».

En 1987, Jean-Paul II a dénoncé le nombre excessif d'annulations de mariages : un scandale a-t-il dit qui menace de détruire la valeur du mariage chrétien. Il a dénoncé la prolifération excessive et presque automatique des déclarations de nullité, sous le prétexte d'immaturité ou de faiblesse psychique des époux. Une véritable incapacité des époux est justifiée exclusivement par une grave anomalie touchant la capacité de compréhension et de volonté des sujets a t-il dit.

Sa Sainteté Benoît XVI s'est élevé contre la multiplication des déclarations de nullité de mariage.

Chers frères et sœurs, de nos jours, beaucoup de personnes se marient puis demandent la nullité de leur mariage afin de se remarier à l'église. Ces âmes pensent qu'elles sont en grâce avec Dieu puisqu'elles ont obtenu la nullité et se sont remariées à l'église.

Dieu m'a éclairé sur ce point. Au jour du jugement, Il demandera un compte très sévère, non seulement, à la personne qui a demandé la nullité de mariage et qui l'a obtenu, mais aussi il demandera compte à la personne qui a eu la charge d'examiner le cas et qui a accordé la nullité. Dieu m'a dit : « Je hais l'infidélité ».

Récemment, au cours d'une retraite spirituelle, j'ai entendu l'intervenant dire que, au cours des 30 dernières années, les tribunaux ecclésiastiques ont fait beaucoup d'erreurs en ce qui concerne les nullités de mariage. Il a expliqué qu'il y a beaucoup de personnes corrompues et manipulatrices engagées dans ces tribunaux.

Cependant, il a expliqué qu'il y a de vrais cas de nullité : Par exemple, si une personne cache qu'elle a des problèmes mentaux et se marie sans prévenir l'autre personne, ou encore une personne qui était mariée à l'église et l'a caché à l'autre, ou encore une personne homosexuelle qui cache son homosexualité et n'a pas l'intention de procréer mais de continuer à avoir des relations homosexuelles...

L'intervenant a aussi expliqué que beaucoup de couples ont essayé de justifier leur séparation en disant qu'ils se disputaient ou que l'un deux avait été infidèle. En fait, dans ces couples, il n'y a pas eu de pardon, ni de patience, ni de sacrifice et ils ont dit : Désolé, mon mariage n'a pas marché. Beaucoup de mariages ont été annulés pour de telles causes. L'intervenant a dit que de tels cas de nullité ne sont pas conformes aux enseignements de l'Église Catholique. L'Église est fondée sur la Vérité ! « Ainsi ils ne sont plus deux, mais une seule chair. Eh bien ! ce que Dieu a uni, l'homme ne doit point le séparer » (Mt 19,6).

L'intervenant au cours de la retraite spirituelle a dit que c'est ainsi que le diable travaille de nos jours et qu'il nous corrompt et s'infiltre dans nos vies pour la perte de notre âme.

Chers frères et sœurs, j'ai vraiment remercié Dieu de m'avoir donné la lumière en ce qui concerne les cas de nullité, ce qui m'a permis de préserver mon âme de peines douloureuses après ma mort. J'ai pris conscience que Dieu est Saint et qu'il ne fallait pas jouer avec lui, ni jouer avec les promesses que l'on peut lui faire. J'ai aussi réalisé que si je continuais à jouer dans ma vie, je perdrais éternellement mon âme. Le Christ m'a dit : « Tu joues avec mes sentiments pour toi ». J'ai appris à m'en repentir.

Après avoir reçu autant de lumière, je me suis dit que si j'avais réellement fait la demande de la nullité du mariage de mon mari et que je l'avais obtenue, j'aurai passé toute ma vie à vivre avec lui en frères et sœurs avec lui afin d'expier et de réparer ce péché de désobéissance et Dieu m'aurait pardonné à l'heure de ma mort car il aurait vu mon repentir sincère.

Chers frères et sœurs, les fois où j'ai été infidèle à Dieu, je condamnais mon âme devant lui. Il m'a dit « Ne te condamne plus ». J'ai alors compris l'importance d'être fidèle en tout pour ne pas me condamner devant Dieu au jour du jugement. J'avertis à temps et à contretemps en témoignant de la Vérité afin de paraître irréprochable le jour où je me présenterai devant Dieu. « Agissez en tout sans murmures ni contestations, afin de vous rendre irréprochables et purs, enfants de Dieu sans tache au sein d'une génération dévoyée et pervertie, d'un monde où vous brillez comme des foyers de lumière » (Phi 2,14-15).

Dieu m'a dit : « Combats toutes les idées de l'Antéchrist ». Nous sommes dans un temps d'apostasie et l'esprit de l'Antéchrist est partout présent et souvent on ne s'en rend même plus compte.

Après avoir médité sur ce que devait être ma fidélité envers Dieu pour être sauvée, et après avoir compris que Dieu n'admet pas le divorce et que, seule la séparation des corps ne peut être justifiée que dans des cas très spéciaux, j'ai décidé de me rapprocher plus sincèrement de Dieu. (Dans le cas des séparations de corps, les époux restent mariés mais cessent de vivre ensemble. Les conséquences et obligations nées du mariage subsistent, notamment le devoir de fidélité et l'obligation de secours).

Je me sentais de plus en plus attirée par le Seigneur Jésus et j'ai passé, pendant deux ans, tous mes après-midis près du tabernacle dans une église proche de mon domicile. Le Christ m'attirait très fortement à lui. Je sentais mon âme aspirée par le Christ dans le tabernacle. Le soir je rentrais chez moi pour retrouver le monsieur avec lequel je vivais fraternellement.

Dès ce moment, j'ai commencé à faire le chemin de croix tous les jours pour la libération des âmes du purgatoire. Dieu m'a demandé de continuer cette œuvre de miséricorde et Il m'a expliqué que le purgatoire était sa miséricorde et l'enfer sa justice. Alors j'ai dit à Dieu : « Mais c'est vous Seigneur qui avez condamné les âmes qui sont en enfer » ? Il m'a répondu : « Les âmes se sont condamnées elles-mêmes. » Dieu ne prédestine personne à aller en enfer et Il ne condamne personne mais Il laisse l'âme libre de l'aimer ou d'aimer Satan ! L'âme choisit son éternité par la vie qu'elle mène sur terre. Dieu est Amour ! Et Il est tellement Amour qu'Il respecte totalement la liberté de l'âme. Je me suis dit que j'allais consacrer ma vie à prier pour le salut de toutes les âmes. Jésus m'y a encouragée. Il m'a dit un jour à 15 heures : « Implore ma pitié sur les âmes ». « Prie-moi par ma Passion ». Comme je souffrais de savoir que beaucoup de mes amis étaient loin de l'Église, Jésus m'a dit : « Ne cesse jamais de me prier pour eux » et je vous assure que je n'ai jamais cessé parce que je les aime et parce que je connais les souffrances des âmes en enfer pour les avoir vécues un court instant moi-même. Si vous saviez, ce qu'est la destruction parce que l'amour de Dieu a disparu, et sans l'amour, on se détruit les uns les autres.

Un jour en écoutant une cassette sur la vie de Saint François d'Assise, j'ai été fortement touchée par son cheminement. Avec mon premier père spirituel, un père dominicain, on décida que je quitterais le domicile, que je divorcerais puisque mon mariage n'en était pas un devant Dieu, afin que je puisse cheminer avec l'Église Catholique.

De retour de chez mon père spirituel, le démon me travaillait intérieurement en me faisant croire que je pouvais rester dans cette situation. Mais Dieu est intervenu et m'a dit : « Une âme hypocrite ne peut plus avancer ». « Tu hais ma lumière ».

J'ai reconnu que ce que Dieu me disait était vrai. Je haïssais la lumière de Dieu, J'étais le partenaire du diable que je haïssais intérieurement et je me haïssais moi-même. Je voulais suivre Jésus d'un côté, mais de l'autre, je refusais de quitter cet homme avec lequel j'avais fait une alliance civile, même si nous vivions en frères et sœurs. J'avais le confort et tout ce qui m'était nécessaire pour vivre. J'ai alors compris pourquoi le Seigneur Jésus me traitait d'hypocrite.

J'ai donc divorcé. Pendant deux ans je suis restée chez une amie qui m'a accueillie chez elle. J'ai commencé à répandre l'apostolat de la miséricorde divine partout dans le monde. Je passais beaucoup de temps en prière et Jésus m'a donné beaucoup de lumière pour le suivre. Il m'a demandé de faire tout ce que pourrais pour l'œuvre de Jésus miséricordieux et Il a ajouté « Occupe-toi bien de mon œuvre ». Ensuite je suis entrée dans l'Ordre des Clarisses ; avec les sœurs, j'étais cloîtrée. Ce fut un temps de grâce. Au bout de quinze mois, j'ai quitté le monastère et j'ai répondu à l'appel de Dieu qui me demandait de le servir dans le monde pour témoigner de sa miséricorde. Il m'a dit : « Écoute ma voix. » « Je veux que tu me serves dans le monde ». J'ai accepté car le ciel me demandait de ne rien refuser à Dieu.

Pour avoir un toit, je suis revenue chez mes parents et j'ai commencé à travailler avec plusieurs éditeurs catholiques. J'ai enregistré en C.D. des conférences que j'ai données sur le Saint Esprit, sur les âmes du purgatoire, sur les dangers du Nouvel Âge, sur l'Eucharistie, sur la vie des saints.

Pour la réussite de ma mission, j'ai commencé à réciter tous les jours le chapelet à la miséricorde divine à 15 heures. (1) J'ai vraiment fait une rencontre d'amour avec Jésus miséricordieux. Je ne pouvais plus le quitter. Je suis tellement tombée amoureuse du Christ miséricordieux que j'ai créé en 2003 avec l'Église Catholique un réseau d'icônes pèlerines. Ce réseau, qui a atteint de nombreux pays, comprend beaucoup de tableaux de Jésus miséricordieux. Ces icônes tournent de famille en famille pour une durée de neuf jours.

C'est en parlant de la miséricorde divine que j'ai rencontré un homme qui n'avait jamais été marié auparavant. Rapidement, nous nous sommes fiancés à l'Église et avons gardé la chasteté mais deux mois avant le mariage, nous nous sommes quittés car ce n'était pas la personne qu'il me fallait. Dieu m'avait dit auparavant, par deux fois : « Je te veux corps et âme », mais vous savez, je lui ai beaucoup résisté avant de m'abandonner à Sa divine volonté !

Avant de le rencontrer j'avais fait une promesse à Dieu, celle d'observer la chasteté. Si je m'étais mariée je n'aurais pas pu vivre la chasteté car mon époux ne l'aurait pas admis. La Sainte Vierge m'a alors rappelée qu'il fallait tenir la promesse que j'avais faite à Dieu. Si je ne respecte pas toutes les promesses que j'ai faites à Dieu, je ne pourrai pas entrer un jour dans le royaume. Ensuite elle m'a invitée à ne plus laisser un homme entrer dans mon cœur afin de n'être qu'à Dieu pour ma mission d'évangélisation pour laquelle j'ai été créée.

J'ai aussi pris conscience que j'aurais trahi Dieu en me mariant avec cet homme. Pourquoi cela ? Parce que, au moment où je devais me marier, je n'avais plus l'âge de procréer. Si je m'étais mariée, j'aurai eu des relations sexuelles qui ne seraient pas ouvertes sur la procréation. Si elles ne sont pas portées sur l'ouverture à la vie, mais au simple plaisir sexuel, alors réellement, j'aurai trahi Dieu.

Sa Parole m'a éclairée : « Les disciples lui disent : "Si telle est la condition de l'homme envers la femme, il n'est pas expédient de se marier." Il leur dit : "Tous ne comprennent pas ce langage, mais ceux-là à qui c'est donné. Il y a, en effet, des eunuques qui sont nés ainsi du sein de leur mère, il y a des eunuques qui le sont devenus par l'action des hommes, et il y a des eunuques qui se sont eux-mêmes rendus tels à cause du Royaume des Cieux. Qui peut comprendre, qu'il comprenne ! » (Mt 19, 10-12)

Personnellement j'ai compris l'Écriture et j'ai accepté de vivre la chasteté afin qu'un jour les portes du ciel s'ouvrent pour mon âme.

Dieu m'a ensuite donné une autre expérience mystique ! Mon âme s'est retrouvée dans un lieu désert. J'étais sur un genre de plate-forme et il y avait un sentier. J'ai avancé dans ce sentier et J'ai vu un trou avec un feu crépitant à l'intérieur. Il y avait beaucoup de flammes. J'ai vu que l'entrée de l'enfer (qui est au centre de la terre) était composée de grilles horizontales . Derrière les grilles, tout était noir. Les damnés étaient en colère et très menaçants quand je les regardais et ils m'ont dit : « On te hait ». Leur haine me brûlait et leur mépris me blessait le cœur.

Le gourou qui m'a ouvert les chakras, à sa mort, est descendu dans ce lieu de ténèbres. Son âme était perdue éternellement, car il a refusé Jésus. Il a voulu librement rester dans son orgueil spirituel. Quand il s'est présenté devant Dieu, il n'a pas pu soutenir le regard de Dieu et il n'a pas supporté sa lumière. C'était un homme qui trompait tout le temps sa femme et qui avait été très initié dans la Rose-Croix, dans le chamanisme, dans le spiritisme. Il pratiquait aussi le tantrisme et était un très grand initié en yoga. La Sainte Vierge m'a dit qu'il était en enfer car il ne regrettait pas ses fautes. Alors Dieu l'a abandonné à lui-même. Dieu fuit les âmes orgueilleuses. Il m'a dit qu'Il aimait les âmes petites, les âmes humbles ! Dieu m'a montré le mépris que ce gourou avait pour lui. Il m'a également montré que ce gourou qui est devenu, en enfer, une âme maudite de Dieu pour l'avoir beaucoup offensé sans repentir, travaillait dans mon âme pour me tenter à chaque seconde. Je l'entends pleurer lui et Satan quand ils n'arrivent pas à me faire succomber aux tentations qu'ils envoient sans cesse pour la perte de mon âme. Il fait tout pour me damner. La Sainte Vierge m'a dit qu'il fallait résister aux suggestions diaboliques et j'ai souvent succombé. C'est grâce à la confession que je peux encore être dans la miséricorde. Je n'en veux pas à cette âme damnée de me pousser dans les tentations car je sais bien que c'est le travail de toutes les âmes damnées. Elles ne veulent rien savoir, ni de nous ni de Dieu. Elles ne changeraient pas les peines ni la douleur pour aller au Ciel ! Leur mission est la haine, la destruction, le manque d'amour. C'est un tourment qui ne finira jamais. C'est un feu dévorant, qui dévore leurs entrailles. Mais ils sont maudits de Dieu parce qu'ils n'ont pas voulu l'aimer. Ils entraînent toutes les âmes qu'ils peuvent dans ce lieu où la haine, la destruction sont toujours présents ! Tout n'est qu'amertume et leur mission est de détruire les âmes.

Si Dieu m'a laissé une écharde dans la chair comme saint Paul, c'est pour que je lutte et que je devienne sainte. Sa grâce me suffit ! J'ai remarqué qu'il y a dans cet état de ténèbres certaines âmes que j'avais averties sur terre mais qui ne se sont pas repenties et de leur vivant, certains se moquaient de ce que je leur disais. Je ne souhaite pas en parler plus car cela me fait trop mal. Alors Dieu, d'un ton très sévère, m'a dit : « Ne t'occupe plus d'eux » et j'ai compris combien ils allaient affronter la justice de Dieu au moment de leur jugement. Mon père spirituel m'a dit de dire aux personnes que je rencontre : Je ne suis pas chargé de vous convaincre, mais de vous dire.

Ensuite, mon âme s'est retrouvée les deux mains accrochées à un mur. J'ai vu que mon âme avait la même forme que le corps terrestre. J'étais comme dans une très grande grotte. Tout était noir. Soudain de grands flots d'une lumière très brillante sont descendus dans le lieu où j'étais. Au-dessus de moi, il y avait le purgatoire, les flammes étaient très hautes. Les âmes qui sont dans cet état de purification sont unies en tout à la volonté divine. Leur plus grande souffrance est de ne pas pouvoir encore voir Dieu face à face. Elles l'ont vu, lors de leur jugement particulier, dans une lumière qui n'est pas encore celle du ciel et alors elles ont gardé une grande nostalgie pour Dieu, mais elles ne veulent pas paraître devant lui avec leurs souillures. Elles se purifient et réparent ce qu'elles n'ont pas réparé sur terre et beaucoup d'entre elles apprennent à aimer. Alors j'ai prié pour elles et à leur tour, elles ont prié pour la misère que je suis et ensemble, dans la communion des saints, nous nous sommes aidées à avoir plus de lumière pour nous approcher de Dieu sans crainte et sans tache.

Les âmes du purgatoire sont devenues mes sœurs bien-aimées, mais je ne leur parle pas car Dieu ne le permet pas. Je les prie simplement pour qu'elles m'aident dans ma mission d'évangélisation. J'ai vu plusieurs marches blanches que j'ai rapidement gravies et en arrivant en haut de ce grand escalier blanc un homme habillé en rouge m'a ouvert la porte et puis il s'est retiré rapidement. Aussitôt je suis entrée dans un océan de paix où j'ai senti très fort la présence de Dieu le Père. Il était la Source. C'était un Père bienveillant, rempli d'amour et de paix. Sa présence inondait cet océan de paix. Dieu le Père est très doux et très aimant et Il m'a dit sans que je puisse le voir : « Je suis un Père plein d'amour pour Mes enfants ». « Ne pèche plus ». Moi qui croyais que Dieu n'était qu'un père très sévère, je pris alors conscience de sa grande sainteté et même si Dieu est amour, miséricorde et justice, son plus grand attribut reste la miséricorde et Il m'a dit : « Dieu est avant tout Père ».

Alors je l'appelle « Papa d'Amour », « Papa chéri », et je me suis jetée dans ses bras d'amour. Et puis j'ai suivi la voie de l'enfance spirituelle. Dieu ne pense qu'à nous guérir et à panser nos plaies. Dieu est Amour comme l'apôtre saint Jean nous l'a enseigné.

Je vis ensuite Jésus au ciel entouré d'une belle lumière dorée. C'était très beau. Mon âme ressentait une grande paix et une grande envie de m'approcher de lui. J'aurais voulu rester près du Fils de Dieu, tellement je me sentais bien. J'ai vu aussi mon grand-père qui était très paisible et ma grand-mère. Elle était très belle, très lumineuse et elle avait l'apparence de quelqu'un de 30 ans.

Dans cette expérience spirituelle, j'ai porté en moi tous les péchés que je n'avais pas encore confessés, ce qui m'a fait beaucoup souffrir. Pour remédier à cela, je me confesse toutes les semaines afin de ne plus avoir à les affronter lors du jugement particulier de mon âme à l'heure de ma mort.

Dieu m'a ouvert mon intérieur et m'a fait voir qu'avant de revenir à lui, je refusais sa miséricorde, mon cœur était dur et Il m'a dit : « Je ne peux pas entrer dans un cœur dur et orgueilleux ». Il m'a fait voir toutes mes pensées qui n'étaient pas dans son Amour, toutes mes complicités avec le mal, tous mes mauvais sentiments, mes critiques et jugements sur autrui et Il m'a dit : « Je connais toutes tes pensées. Garde-toi de juger quelqu'un. Ne les accuse pas ». Vous savez, j'accusais tout le monde. Puis Il m'a dit : « Ne les juge pas ». Je vous assure que j'étais experte en la matière. C'étaient les blessures de la vie qui m'avaient rendue amère envers mes frères et sœurs et Dieu m'a fait voir que je n'étais pas mieux que Judas ! Alors Il m'a dit : « Il faut aimer ». Comme j'étais d'une nature cruelle, Il m'a demandé de laisser tomber la cruauté. Je me suis alors accrochée à la bonté du Seigneur Jésus et dès cet instant j'ai ressenti en mon âme l'infinie bonté et tendresse de Dieu. Ce n'est qu'après de nombreuses années de souffrances et de persécutions continues que Jésus a transformé mon âme démoniaque en apôtre pour sa gloire et qu'Il m'a demandé de n'imiter que Lui et de voyager comme saint Paul. Jésus m'a fait faire des tournées durant quelques années en Europe, en Amérique, en Afrique, dans diverses îles et en Asie. Peu à peu, Il élargit la mission selon sa Volonté et Il ouvre les portes selon son bon plaisir.

Il m'est arrivé quelquefois d'avoir peur lors de persécutions. Alors Dieu m'a dit : « Garde-toi de la peur » ! Il est vrai que tous mes ennemis se sont brisés aux pieds du Christ miséricordieux. Des ennemis j'en ai beaucoup, qui ont essayé de détruire mon témoignage mais en fait, je les appelle mes amis car par le martyre intérieur que je subis, ils m'ouvrent la porte du ciel et moi je prie pour leur libération. Je sais très bien que s'ils m'attaquent c'est qu'ils ont en eux des infestations d'esprits impurs et de la Bête qui les tient liés. Alors je les prends en pitié et j'offre mes souffrances pour leur salut. C'est le rôle du prophète ! Sauver ses persécuteurs ! Chaque fois que je pars vers un pays différent, l'Esprit Saint prend toutes mes peurs et toutes mes angoisses, si bien que je ne ressens que de la paix, la Paix du Christ !

Chers frères et sœurs, mon âme a été plusieurs fois au fond de l'abîme pour avoir plaisanté avec des personnes au lieu de garder le silence. La parole est un grand don de Dieu. Elle est créatrice et toute parole a une conséquence. La sainte Vierge et Dieu m'ont demandé de me taire intérieurement car mes paroles m'avaient condamnée à l'enfer, si bien que j'ai accepté de donner cause, choix et conséquences de toutes ces paroles à Dieu afin qu'Il m'aide à réparer avec ses grâces. Si on répare par le silence, on obtient miséricorde. J'ai reçu l'ordre suivant « Silence et prières ». J'ai alors compris ce que Jésus signifiait quand Il disait : « Quand vous dites « oui », que ce soit un oui, quand vous dites « non » que ce soit un non. Tout ce qui est en plus vient du Mauvais. » (Mt 5, 37).

Dieu m'a montré intérieurement que toutes les paroles oiseuses que je prononçais l'étaient en fait par le diable lui-même. C'est lui le mauvais qui parlait en moi et non Dieu. Jésus nous a donné un grand avertissement : « Je vous le dis : au jour du jugement, les hommes rendront compte de toute parole vaine qu'ils auront proférée. » (Mt 12.36).

Cette parole de Dieu a résonné dans mon cœur et depuis je surveille mes paroles et garde le plus possible le silence. En effet, je ne veux pas que mon âme soit condamnée pour toujours à l'enfer à cause des paroles que je peux prononcer.

Dieu a déposé dans mon âme l'amour de sa justice et le jugement de mon âme s'est fait sous son regard bienveillant, dans son Amour et avec ses grâces sans lesquelles personne ne peut tenir. Lors de ce jugement, la Sainte Vierge était là aussi et elle m'a dit qu'elle serait toujours mon avocate auprès de Dieu. Elle m'a dit qu'elle était Mère avant tout, tout comme Dieu m'a dit qu'Il était Père avant tout.

La puissance de Dieu m'a pénétrée afin que les yeux de mon âme s'ouvrent et là, la lumière s'est faite sur toute ma vie depuis ma naissance jusqu'au moment de cette rencontre surnaturelle avec Dieu. J'ai ressenti fortement l'amour de Dieu en moi, sa sainte tendresse et tout ce qu'il a fait pour moi dans ma vie pour ma conversion. Il m'a sans cesse nourrie de ses grâces et a tout fait pour me sauver.

Sans cesse, il a mis des personnes sur ma route qui m'ont aidée à faire une rencontre vraie et passionnée avec lui.

Tous mes actes ont été jugés et c'est pourquoi j'en témoigne aujourd'hui. En témoignant, j'obtiens le pardon de mes fautes et je répare l'offense que j'ai faite à Dieu par ma vie d'impiété. Tout le bien que j'ai fait m'a donné beaucoup de joie et de paix. Par contre, tout le mal que j'ai fait m'a plongée dans une amère tristesse. Tout m'a été montré.

J'ai revu tous ceux qui ont souffert à cause de moi et toux ceux qui m'ont fait souffrir dans ma famille, mes amis, mes professeurs, mes compagnes d'école, mes directeurs.

A travers cette expérience on voit tout et on ressent les douleurs que les autres ont éprouvées à cause de notre agir et ce que les autres nous ont fait subir. Alors est né en moi un grand désir de réparation.

Ensuite je me suis vue dans un grand serpent. Il était en moi. Dieu m'a alors dit : « Fais pénitence. » Satan avait déposé son feu et ses énergies par mon adhésion à l'ésotérisme et au spiritisme. A l'intérieur de ce serpent se trouvaient les âmes des damnés qu'il tenait en lui. La Sainte Vierge m'ordonna de demander une libération du mal qui était entré en moi, ce que j'ai fait. Depuis cet avertissement, j'ai eu de nombreuses prières de libération et de coupure de liens.

Autour de ce serpent j'ai vu les démons attaquer sans cesse mon cœur par des suggestions diaboliques et la Sainte Vierge Marie m'a dit qu'il fallait résister à la malice de Satan. Le serpent m'avait condamnée parce que je l'adorais. Cela signifiait que j'avais en moi l'amour du pouvoir, de l'argent et du plaisir sexuel et culinaire. Dieu m'en a fait un reproche un jour où j'étais en prière devant le Très Saint Sacrement exposé. Il m'a dit : « Sois rassasiée ».

A côté de cela, j'ai vu aussi les dons que Dieu avait déposés en moi lors de ma confirmation et Il m'a dit : « Mon Amour est en toi ».

J'ai vu tout l'amour que je n'avais pas donné dans ma vie et j'en ai beaucoup souffert. La Sainte Vierge m'a alors invitée à donner plus d'amour au prochain.

J'ai vu les moindres détails de toutes mes pensées, spécialement les pensées qui n'étaient pas amour pour le prochain. Dans ma vie, j'ai eu beaucoup de mépris ayant été très blessée dans mon enfance. Dieu m'a dit : « Je connais toutes tes pensées ». Dans la lumière de Dieu toutes nos pensées ressortent. Bien que je m'en sois confessée, je les ai entendues car Dieu les a fait sortir de mon intérieur par la puissance du Saint Esprit. Alors j'ai demandé à Dieu d'avoir pitié de moi. Je lui ai donné toutes ces pensées afin qu'Il m'aide à les transformer en pensée d'amour et de compassion pour mes frères et sœurs que j'aime. J'ai donné toutes les conséquences de mes pensées à Dieu car lui seul peut réparer en vérité pour ma justification. On ne s'imagine pas la puissance d'une pensée. J'avais nourri des pensées de convoitise, de destruction, de vengeance, de tricherie, de paresse.

Quand l'expérience mystique a continué j'ai vu que je me suis souvent enfoncée dans l'abîme à cause de mes non pardons, à cause de mes entêtements à penser à des créatures dont Dieu m'a demandé de me garder. Dans ma jeunesse, Lucifer m'a souvent aveuglée avec des stars ou avec des créatures qui étaient belles en apparence mais qui au-dedans étaient des serpents tout comme je l'étais avant ma première confession et je vous assure que je me suis vue intérieurement comme Judas. En fait j'adorais des idoles et je rompais le premier commandement de Dieu.

Je me suis aussi quelquefois enfoncée dans l'abîme à cause de mes mauvais sentiments envers certains prêtres qui n'avaient pas été bons pour moi. La Sainte Vierge m'en a prévenue. Alors j'ai commencé à beaucoup prier pour eux. Les prêtres sont les fils de prédilection de la Sainte Vierge. Il faut beaucoup prier pour leur protection.

Dans la vision intérieure que Dieu me donne, je vois les yeux de Dieu qui sont pur amour et bonté et je vois les yeux rouges de Satan qui sont haineux et envieux. Si vous saviez combien Satan hait les prêtres. Pourquoi cela ? Tout simplement parce que c'est grâce à eux qu'on peut recevoir tous les sacrements. Ils nous donnent la vie de Dieu.

Ensuite m'ont été montrés mes jugements et mes condamnations envers autrui si bien qu'à chaque fois que je jugeais ou condamnais quelqu'un, mon âme se condamnait avec ces personnes. Une âme n'est bien que dans l'amour. Et Jésus m'a dit « Reste dans mon Amour ». J'ai alors compris le grand commandement « Tu aimeras ton prochain comme toi-même ». (Mt 19,19)

Quand on en vint à l'examen des péchés que j'avais commis avec mes yeux, quelle tristesse ce fut pour mon âme de savoir que Dieu m'avait vu regarder des films impurs. J'ai su alors les dommages que les esprits impurs avaient infligés à mon âme. J'en ai ressenti beaucoup de douleurs et la Sainte Vierge m'a demandé de résister à Satan avec la télévision et je la lui ai offerte en sacrifice. J'ai beaucoup péché avec mes yeux en regardant les créatures et en les désirant ! Dieu m'a alors dit : « Ne les désire pas » et j'ai compris le 9ème commandement de la loi de Dieu « Tu n'auras pas de désir impur volontaire ». Mon âme a souffert également pour m'être adonnée à certaines lectures de magazines du monde, en lisant les horoscopes… Mon âme a encore souffert, parce que je n'avais pas obéï à l'ordre de Dieu de baisser les yeux devant les hommes. J'ai du confesser de nombreuses fois que je n'arrivais pas à baisser mon regard devant certaines créatures, ce qui m'a valu de commettre bien des péchés d'idolâtrie.

J'ai aussi dû affronter mes propres regards : regards hautains, moqueur, haineux et sévères. J'ai demandé à Dieu de me transfigurer afin que mes regards deviennent miséricordieux.

Quand on en vient à l'examen des péchés que j'avais commis avec l'ouïe, quelle peine j'ai éprouvée de savoir les mauvaises conversations auxquelles j'avais adhéré.

M'ont été montrées toutes mes paroles, mêmes celles qui n'ont été prononcées qu'en moi, que j'ai dites contre Dieu, contre mon prochain et contre moi-même, telles mes remarques désobligeantes, mon humour noir, mes mensonges, mes blasphèmes, mes insultes, mes injures, mes insolences, mes calomnies, mes accusations.

Quand j'ai revécu intérieurement mes diverses accusations envers mes frères et moi-même, Jésus m'a montré mon âme en train d'accuser les autres et moi-même. Je jouais le rôle de l'ennemi de Dieu. Alors Il m'a dit « Ne les accuse pas » puis « Ne t'accuse pas devant Moi ». Je m'accusais devant Dieu des péchés que j'avais faits alors que Dieu les avait déjà effacés pendant la confession. En fait je jouais le rôle du démon qui est d'accuser les âmes et Dieu m'a dit : « Tu es une âme accusatrice ». J'ai appris à m'en repentir.

Dieu m'a aussi montré que je me condamnais pour toutes les fois où je m'entêtais à penser à des créatures qui ne vivent pas dans la volonté de Dieu. Sur terre, il y a l'armée de Dieu. Ces êtres sont marqués du sceau de Dieu, le sceau des élus. Il m'a dit : « Suis l'exemple des petits ». Les petits sont ceux qui donnent leur oui à l'amour et qui font la volonté de Dieu en se soumettant volontairement aux commandements divins. Il y a aussi les enfants du non qui refusent l'amour et la miséricorde. Ils refusent de vivre dans les commandements que Dieu nous a donnés. Ces êtres-là sont marqués du sceau de Satan, le 666. Ils vivent en état de péché mortel. Dieu souffre beaucoup pour ces âmes qui le refusent et il me fait ressentir sa douleur qui est terrible. Dieu les aime tellement. Dieu ne prédestine personne à aller en enfer ; il faut pour cela une aversion volontaire de Dieu (un péché mortel), et y persister jusqu'à la fin. Dans la liturgie eucharistique et dans les prières quotidiennes de ses fidèles, l'Église implore la miséricorde de Dieu, qui veut que personne ne périsse, mais que tous arrivent au repentir. (« Le Seigneur ne tarde pas dans l'accomplissement de la promesse, comme quelques-uns le croient ; mais il use de patience envers vous, ne voulant pas qu'aucun périsse, mais voulant que tous arrivent à la repentance. » (2 P 3, 9).

Lors de mon expérience mystique, j'ai vu que j'avais offensé Dieu en désobéissant au premier commandement, « Tu n'auras pas d'autres dieux devant moi… ». J'avais beaucoup d'idoles dans le Nouvel Age et j'adorais un autre Dieu que la très Sainte Trinité, Père, Fils et Saint-Esprit comme je l'ai expliqué précédemment.

Mon intérieur étant ouvert par permission divine, j'ai porté le poids de tous mes mauvais sentiments qui m'avaient causé du tort ainsi qu'à mon prochain. Ils concernaient mes diverses indifférences, mes amertumes, mon orgueil, mon avarice, mes colères, mon impureté, mes jalousies, mon égoïsme, mes supériorités, mes dédains, mes arrogances et mon goût du pouvoir.

Vint ensuite l'examen de toutes mes peurs. La peur ne vient pas de Dieu. C'est l'ennemi de Dieu qui me maintenait dans la peur et dans les angoisses. Je l'ai compris quand Jésus m'a dit « Le diable te maintient dans la peur ». Comme j'étais remplie de peurs, la sainte Vierge me dit : « Quand tu as peur viens dans mes bras » et elle m'a donné ces mots : « Mon cher enfant, donne-moi ton rien, donne-moi tout, je t'aime. Je suis ta maman et je veux te conduire sur la route du paradis. Consacre-moi tes pensées, tes actions, tes journées, je saurai te prendre dans mes bras et te consoler. Promets-moi de toujours penser à moi en récitant mon saint Rosaire. Ne m'oublie pas. Je t'aime tant ».

Me furent également montrés tous les mauvais gestes que j'avais faits dans ma vie et pour lesquels Satan me tenait liée et Dieu m'a dit « Tu es punie à cause de tes gestes » et c'est pourquoi je fais pénitence. J'avais fait des gestes contre Dieu, contre mon prochain et contre moi même, tels mes dominations, mes manipulations, mes révoltes, mes abus de boissons et de drogues, mes manques de partage.

Comme j'avais commis beaucoup de péchés impurs avec mes mains et mon corps, j'étais engloutie dans la géhenne. Alors, Jésus, dans sa bonté infinie m'a dit : « Tu baignes dans mon sang ». Le précieux sang éteignait en moi la haine que Satan avait déposée.

J'ai ressenti beaucoup de douleur en connaissant que j'avais offensé Dieu avec mes paroles. Souvent j'ai plaisanté avec les créatures et même avec Dieu ; j'ai usé de paroles de mauvais goût, je critiquais tout et même je parlais à Dieu sans bonté de certaines créatures. Si bien que Dieu m'a dit :

« Ne ris pas d'eux. Ne plaisante pas avec moi. Tais-toi avec moi ». « Tais-toi » signifiait ne plus plaisanter car Dieu est trois fois saint et qu'il ne faut pas l'offenser même par un tout petit péché.

En continuant cette expérience surnaturelle, on me fit voir ma vanité et mon esprit mondain. J'étais très fière de nature, aimant le luxe, les grands restaurants, les belles toilettes, le maquillage, les parfums très chers, les teintures de cheveux, et tant que je ne suis pas redevenue naturelle, mon âme souffrit. La Sainte Vierge m'a alors demandé d'être humble, de rester naturelle et de m'ignorer et Jésus a dit : « Accroche-toi à la pauvreté ».

Quand on en vint à mes désobéissances, je les ai toutes revues depuis mon enfance. Celles qui m'ont le plus marquée sont celles se rapportant à mes parents. Elles ont apporté beaucoup de conséquences négatives dans ma vie. Pour un temps j'avais oublié les préceptes divins « Honore ton père et ta mère afin d'avoir longue vie sur la terre que le Seigneur ton Dieu te donne. » (Ex 20, 12).

Bien que nous devions obéissance à nos parents, nous ne devons pas en faire nos idoles. J'aimais beaucoup ma mère et je l'adulais. A cause du péché d'idolâtrie que j'avais commis, mon âme a souffert un certain temps dans le cratère de feu. Je prenais ma mère comme exemple au lieu de prendre la très Sainte Vierge comme modèle et le Seigneur Jésus m'a dit quand il m'a délivré de ce péché : « N'imite que moi ». « Ne t'attache plus à personne ».

Dieu m'a aussi montré mes rebellions intérieures. A chaque fois que je me suis rebellée contre sa volonté, je voyais mon âme dans l'abîme et je commençais à menacer Dieu comme le font les démons. J'ai dû me repentir et me soumettre à la volonté divine en tout en obéissant à mon père spirituel.

Mon âme s'est également vue examinée sur l'Eucharistie : il m'est arrivé quelquefois de n'avoir pas assez fait attention à la Présence réelle de Jésus en moi et j'ai connu l'indifférence que j'avais eue pour le Christ. Dieu m'a montré qu'il était heureux que je le reçoive à genoux et directement dans la bouche. Personnellement, je ne reçois jamais Jésus dans les mains pour la raison suivante. Quand on reçoit le Christ ainsi, il reste toujours dans les mains des petites particules de l'hostie, quelquefois invisibles à l'œil nu. Ces particules consacrées sont aussi le corps du Christ. Il suffit de se frotter les mains pour que ces particules tombent à terre et qu'on y marche dessus. Finalement, je me suis dit que si je marchais sur des particules, je profanais le corps du Christ. Et il en est ainsi à chaque messe. C'est pourquoi, pour éviter cela, j'ai étudié, depuis le site du Vatican, l'instruction « Rédemptionis Sacramentum » sur certaines choses à observer et à éviter concernant la très sainte Eucharistie (Congrégation pour le culte divin et la discipline des sacrements) .

Après avoir pris connaissance de tout cela, le Christ m'a reproché de ne pas assez le désirer. Depuis je désire Sa Sainte présence qui est si douce. Je fais aussi attention à être bien confessée avant de communier. J'ai alors compris combien de morts spirituels il y avait dans le monde car beaucoup communient sans se confesser de leurs fautes. A l'heure du jugement, ils vont voir les feux de l'enfer dans leur âme pour avoir négligé le sacrement de la réconciliation.

Quelquefois pendant la messe j'ai été distraite, j'ai regardé les créatures ou j'ai parlé avec quelqu'un. J'ai quelquefois pensé à manger ou eu des pensées de chair. Dieu m'a aussi montré tous mes péchés dans l'Église, spécialement quand j'ai parlé avec des personnes au lieu de me taire. Il m'est arrivé aussi de parler pendant l'adoration, alors Dieu m'a dit : « Adore et tais-toi. »

Me furent aussi montrées toutes mes hypocrisies, spécialement celles envers Dieu ; j'avais fait un vœu de chasteté, mais j'ai eu souvent des pensées d'adultère.

J'ai dû aussi faire face à mes duplicités envers ceux qui sont pauvres et quelle honte ce fut pour moi d'avoir eu le désir d'acheter une maison très chère alors que tant de pauvres souffraient de la faim. Dieu m'a même montré que j'avais une chambre inoccupée dans un appartement qui m'était prêté par ma sœur alors qu'une de mes amies n'en avait même pas une pour elle. Mon âme ressentit tous les comptes à rendre à Dieu de tout l'argent dont j'avais disposé pendant ma vie et que j'avais dépensé inutilement. Jésus m'a dit : « Partage, ma Fille ». Alors j'ai voulu tout donner aux pauvres mais la Sainte Vierge m'a dit qu'il ne fallait pas se dépouiller complètement. J'ai donc gardé le strict nécessaire pour vivre et donné tout le reste aux nécessiteux. Je l'ai fait par amour et non par peur.

Quand fut venu l'examen de mes jeux intérieurs et duretés de cœur envers Dieu et envers moi-même, j'ai pu constater que j'avais trop de sévérité et de cruauté et Jésus s'est plaint en me disant « Tu ne t'aimes pas ». Il en souffrait pour moi. Il m'a depuis, avec ses grâces, appris à m'aimer.

Quand Dieu m'a montré tous mes mépris, je me suis vue très laide intérieurement. Il s'agit de la vue de mon âme ; alors Il m'a dit : « Laisse tomber le mépris », « Ne pense qu'à aimer ». Il m'a montré que Satan m'avait remplie de mépris.

En m'examinant intérieurement, je voyais du feu entourer mon âme. Je voyais cela avec les yeux de mon âme. Quand je ferme les yeux, je vois toujours ce feu. Le ciel m'a appris que ce feu est le feu du purgatoire car je dois encore beaucoup me purifier par toutes sortes d'épreuves.

Dieu m'a aussi montré mes méchancetés et mes jalousies. Il m'a dit : « Ta méchanceté est grande ». Alors Il m'a demandé d'être très bonne, de me dépouiller et de me renier. Plusieurs fois dans ma vie j'ai été méchante envers certaines personnes, spécialement avec les hommes. Depuis que j'ai eu une grande blessure avec mon premier amour que je n'ai jamais oublié, j'ai fait souffrir ceux qui ont suivi, étant blessée par cet amour qui n'a pas pu se réaliser étant donné qu'il était mon cousin et de surcroît homosexuel. J'en ai gardé une grande amertume. J'ai tellement pleuré en amour que cela faisait souffrir Jésus. J'ai compris que Dieu compatissait à nos souffrances quand Il m'a dit : « Tu pleures trop mon enfant. ». J'offre mes souffrances morales pour le salut de mon cousin afin que Dieu le libère de l'homosexualité et qu'il lui donne la grâce de vivre la chasteté. « Ne savez-vous pas que les injustes n'hériteront pas du Royaume de Dieu ? Ne vous y trompez pas ! Ni impudiques, ni idolâtres, ni adultères, ni dépravés, ni homosexuels... n'hériteront du Royaume de Dieu. » (1 Co 6,9-10)

J'ai vu la conséquence de mes péchés de jalousie. Mon âme dans l'abîme voulait tuer la personne envers laquelle j'avais commis ce péché. C'était horrible. Je voulais aussi arracher les cheveux de la personne. Les péchés capitaux ou mortels m'avaient transformée en Bête vivante et je me voyais ensuite en train de tuer autrui. Je me tuais moi-même en atteignant mon propre cœur avec un couteau. C'était vraiment horrible de voir ce que la haine dans un cœur peut faire.

Dieu m'a aussi montré mes péchés avec certaines créatures que j'ai rencontrées. Étant donné que parmi elles quelques-unes étaient très négatives, Il m'a dit « Surveille tes fréquentations », non pas qu'Il n'aime pas ces âmes-là, car Il les aime toutes, mais parce qu'Il voulait me protéger de leur agir. Il m'a dit : « Ne te souille plus ». Je m'étais en effet souillée avec beaucoup de personnes. J'ai eu beaucoup d'amis homosexuels. Pour leur salut éternel, Dieu leur demande d'observer la chasteté. S'ils ne se repentent pas de ce péché abominable aux yeux de Dieu, des supplices éternels les attendent dans des gouffres de torture où les démons les feront souffrir pour toujours.

Dieu m'a aussi purifiée sur la nourriture. Il m'a demandé de m'alimenter correctement car je m'alimentais très mal et il m'a même conseillé de ne pas me forcer avec la viande, ce qui ne signifie pas que je ne puisse pas en manger du tout. Son conseil fut « Bien manger mais pas trop ». Je reconnais que je mangeais un peu trop. Il m'a même avertie de craindre de trop manger pendant le carême. J'ai revu certains de mes péchés de gourmandise de ma jeunesse car je mangeais beaucoup de sucreries. Alors Dieu m'a demandé d'être raisonnable. C'est l'abus que Dieu ne veut pas.

Enfin Dieu m'a montré tout ce qui n'était pas amour en moi. Certaines de mes prières étaient sans amour. Alors je lui ai promis de réparer en aimant plus.

J'ai vu et revécu tout le mal que j'ai fait à mon prochain et j'en ai beaucoup souffert. Alors j'ai crié vers Dieu et lui ai dit : Jésus, aie pitié de moi. Aie pitié de la grande pécheresse que je suis. Et Il m'a répondu : « Tu fais toute ma Joie » et je lui ai dit : Toutes les personnes que j'ai fait tomber dans ma vie, à partir de maintenant, je vais prier pour elles et faire célébrer des messes pour qu'un jour nous soyons réunis en paradis. Et là, comme pour Zachée, le salut est entré dans mon âme ! (Lc 19)

J'ai alors donné à Jésus d'amour tous mes mauvais choix et leurs conséquences et Il est lui-même venu réparer mes propres erreurs de voie avec ses grâces et son amour. Il m'a dit : « Je peux tout ». Dieu est omnipotent. Il suffit de tout lui donner, de tout lui abandonner. Dieu est Amour avec un grand A. L'amour humain n'est qu'un faible reflet de l'amour divin, tout comme la tendresse humaine n'est qu'un faible reflet de la tendresse divine. J'ai encore crié vers lui en lui disant : « Guéris-moi, Jésus, guéris-moi Papa d'amour » ! Et dire que je disais à Jésus qu'il ne m'aimait pas assez ! Aussitôt Il m'a répondu : « Tu ne t'imagines même pas à quel point je t'aime. Je t'appelle à la sainteté, je t'appelle à m'aimer ! Médite ma Passion » ! La lecture et la méditation de la Passion du Christ m'ont amené à réfléchir sur le grand sacrifice que fit le Seigneur sur le bois de la croix en rémission de mes péchés. C'est par amour pour mon âme que Dieu s'est laissé juger et accuser. Je me suis dit que Jésus n'était qu'amour et miséricorde. Il a subi des coups de ses bourreaux à cause de mes péchés de chair. Quel amour du créateur pour sauver sa créature. C'est la folie d'amour de Dieu. Je vous assure que j'ai eu honte d'avoir dit à Dieu qu'il ne m'aimait pas assez. Jésus n'a été que pardon pour moi dès que je me suis repentie.

C'est la très Sainte Vierge qui m'a beaucoup aidée à me rapprocher de Dieu. Elle m'a appris le silence, l'abandon et m'a formée pour ma vie spirituelle et je la remercie aussi car elle m'a libérée des démons qui m'oppressaient en priant le rosaire. J'ai fait un pacte d'alliance avec elle au cours d'une messe et c'est pourquoi je porte un anneau au doigt. J'ai voulu librement en plus de ma consécration au Cœur Immaculé de Marie, revêtir le scapulaire de Notre-Dame du Mont-Carmel, par la grâce duquel la Sainte Vierge Marie m'a protégée de bien des dangers. Je le porte sur moi jour et nuit. Le scapulaire émet une telle lumière que Satan ne peut pas s'emparer de l'âme qui le revêt, à condition que la personne vive en état de grâce. J'ai su qu'un jour une âme qui avait reçu le saint scapulaire, luttait à l'heure de sa mort. Elle refusait de le garder sur elle et au moment où elle s'est présentée devant Dieu, le démon l'a emportée en enfer. Son mépris l'a damnée. Si elle avait humblement gardé le scapulaire autour de son cou, elle aurait été sauvée.

Moi qui ai connu dans l'ésotérisme un Dieu cosmique, un Dieu énergie, je peux vous témoigner que c'est dans l'Église Catholique que j'ai rencontré un Dieu de tendresse dont le cœur fond d'amour pour chacun d'entre nous. Quand j'ai fait cette rencontre d'Amour avec Jésus j'ai trouvé la vraie paix du cœur. Quand Jésus m'a fait vivre l'illumination de ma conscience et que j'ai vu mon âme dans une laideur terrible à cause des péchés mortels que j'avais commis, je pensais que Dieu ne voudrait jamais me voir. J'ai été étonnée quand Il m'a alors dit : « Tu es ma grande beauté » ! Il s'agissait de mon âme ! Quelle joie de se savoir aimée par Dieu telle que l'on est avec toutes nos misères. Dieu est vraiment Amour et Père.

Moi qui croyais que l'Église était une vieille institution avec des dogmes rigoureux, je m'aperçus que l'Église est sainte, qu'elle est Amour avec un grand A et que sans elle et sans les prêtres, je ne pouvais pas entrer au ciel. Alors l'Église Catholique est devenue comme une maman bienveillante pour moi et j'ai compris tout l'Amour de Jésus qui l'a fondée sur Saint Pierre, le premier Pape et quand j'ai regardé le Pape François, j'ai vu en lui tout l'Amour du Christ pour ses enfants. J'ai vu en lui l'Amour d'un Père et je me suis mise à beaucoup aimer l'Église et à prier pour elle et ses consacrés. Plusieurs fois Jésus d'amour m'a fait connaître la profondeur de son Cœur dans lequel j'ai été transportée pour y reposer dans sa tendresse exquise et sa douceur inégalable.

Pour remercier Jésus de sa grande bonté, je récite le chapelet tous les jours car Il m'a promis que par la prière du Rosaire, Il me sauverait et Il a ajouté un jour où je récitais mon chapelet : « Je prie pour ta libération » et j'ai compris que Dieu était en moi pour lutter contre la puissance du serpent. Je prie aussi le chapelet de saint Michel Archange aux 9 chœurs des anges, et termine ma journée de prières en récitant plusieurs fois cette petite prière très féconde qui est un acte d'amour : « Jésus, Marie, je vous aime, sauvez les âmes ». Dieu a promis à Sœur Consolata Betrone, religieuse capucine dont la cause de béatification a été ouverte en 1995, que chaque fois que l'on récite avec le cœur « Jésus Marie je vous aime, sauvez les âmes » une âme est sauvée pour l'éternité.

J'ai dit à Jésus : Je te donne mon Oui, car je voudrais tant que toutes les âmes connaissent ton cœur brûlant d'amour. Je te donne tous mes anciens choix et leurs conséquences afin que toi, l'Amour, tu les brûles dans ton Feu de tendresse et dans les flammes de Ta miséricorde.

La douceur du Cœur de Jésus, je l'ai expérimentée en communiant au corps du Christ et un jour Il m'a complètement possédée. J'étais envahie d'une douceur indescriptible. C'était un délice pour mon âme. Malheureusement cela n'a pas duré.

Depuis que je connais l'importance de la Sainte Messe, j'y participe tous les jours et j'ai beaucoup de respect pour les ministres de Dieu, à qui ce grandiose pouvoir a été donné lors du sacrement de l'Ordre.

Voilà, chers frères et sœurs, le témoignage d'une pauvre âme, très faible, très misérable que Dieu a appelé pour le glorifier et l'honorer. Je n'ai jamais appris la théologie, mais l'Esprit de Dieu m'a instruite et m'a dit : « Je t'ai consacrée pour me servir, réveille tes frères ». Alors je témoigne à temps et à contretemps depuis des années avec l'aide de mon ange gardien que j'ai vu intérieurement. Il était très grand. Je l'appelle mon ange d'amour.

Depuis que je sais ce qu'est l'enfer et ses tortures et que je l'ai expérimenté dans mon âme, je désire le salut de toutes les âmes, sans exception, les bons et les méchants pour lesquels je fais célébrer des messes, je prie et je jeûne. Dieu répand son Esprit sur toute chair. Ce qui a été le plus difficile à vivre intérieurement dans ma descente dans l'abîme a été le fait que je ne pouvais plus aimer Dieu et mon prochain. Je ne ressentais plus l'amour et je peux vous dire qu'à l'heure actuelle où j'écris ce témoignage, j'en pleure intérieurement car quand on est privé de l'Amour de Dieu, de sa Sainte Présence, c'est vraiment un supplice.

Dieu m'a demandé de faire beaucoup de sacrifices pour mes frères et sœurs d'amour et de pleurer avec lui pour leur salut. Je l'ai vu pleurer pour les âmes.

Quand je paraîtrai devant Dieu pour le jugement particulier de mon âme, je devrai répondre de la conversion des âmes que j'ai rencontrées au cours de mon évangélisation dans le monde. Ces âmes, par milliers, c'est

Dieu le Père qui les a appelées, de pays en pays, à venir écouter mon témoignage et si vous le lisez aujourd'hui c'est qu'un jour nous serons réunis au ciel. Je crois qu'il n'y a pas de hasard.

Chers frères et sœurs, vous allez toutes et tous, à l'heure de votre mort, paraître devant Dieu pour votre jugement particulier. C'est pourquoi j'espère que mon témoignage vous aidera à avoir plus de lumière. La miséricorde de Dieu peut changer tous les cœurs. Vous savez, mon cœur était malade et Dieu l'a guéri et je lui ai dit : Seigneur Jésus, mon Sauveur et mon Dieu, je veux faire mon purgatoire sur la terre pour qu'à ma mort tu m'emportes loin dans ton Sacré-Cœur. Alors gardons la confiance et disons à Jésus : « Jésus, j'ai confiance en toi ». Si Dieu a guéri la plus grande pécheresse du monde que je suis alors tout le monde peut être sauvé. Aucun péché n'épuisera la grande miséricorde de Dieu et plus on y puise, plus elle augmente. Plus le pécheur est grand, plus il a droit à la miséricorde de Dieu ! Quiconque à confiance à la grande miséricorde de Dieu, l'obtiendra.

Même si j'entends souvent le démon qui dit « Le mal saura te reprendre, je t'aurai à moi », je garde confiance en la puissance de la Très-Sainte Trinité qui me protège tant que je reste fidèle aux commandements de Dieu et à la mission qu'Il m'a donnée.

J'ai écrit cinq livrets sur ma conversion qui ont été approuvés par l'Église catholique. Ils ont l'imprimatur et le nihil obstat en 2009.

Voilà, chers amis, le témoignage d'une âme misérable qui se sait aimée de Dieu et qui s'est découverte épouse du Christ par un don total de sa vie. Je parcours le monde pour la plus grande gloire de Jésus car Il me l'a demandé. En témoignant, j'obtiens la miséricorde de Dieu.

La très Sainte Vierge au début de ma conversion m'avait avertie que ma guérison intérieure prendrait beaucoup de temps. Maman Marie qui m'a vu tant souffrir moralement dans de nombreux pays pour la plus grande gloire de Dieu, m'a dit « À ta mort, je t'emporterai au paradis » et puis elle a ajouté « Prophète des derniers temps, levez-vous », c'est-à-dire qu'elle m'invitait à témoigner dans le monde à temps et à contretemps pour que beaucoup d'âmes reviennent à Dieu. Toutefois, il y a un an, je me suis rebellée intérieurement et je voulais arrêter de témoigner. La Sainte Vierge Marie m'a alors avertie que je pouvais me damner si je stoppais mon témoignage. J'ai alors compris la Parole que Jésus nous a laissée : « Celui qui aura tenu bon jusqu'au bout, celui-là sera sauvé » (Mc 13, 13). Il faut tenir bon jusqu'au bout pour être sauvé.

Il faudra aussi, pour aller au ciel, avoir la force de refuser la micro-puce, qui est la marque de la Bête, sans laquelle personne ne pourra acheter ou vendre. J'en parle car Dieu m'a fait savoir qu'il fallait que je le fasse. Il m'a même dit qu'il fallait que je craigne de ne pas en parler. Ceux qui la prendront par peur de perdre leurs biens ou leur argent seront coupés du paradis pour toujours. Satan les aura marqués de son sceau, le 666. (Ap 13,16-18 : « Par ses manoeuvres, tous, petits et grands, riches ou pauvres, se feront marquer sur la main droite ou sur le front, et nul ne pourra rien acheter ni vendre s'il n'est marqué au nom de la Bête ou au chiffre de son nom. C'est ici qu'il faut de la finesse ! Que l'homme doué d'esprit calcule le chiffre de la Bête, c'est un chiffre d'homme : son chiffre, c'est 666. ») ; (Ap 14,9-10 : « Un autre ange, un troisième, les suivit, criant d'une voix puissante : "Quiconque adore la Bête et son image, et se fait marquer sur le front ou sur la main, lui aussi boira le vin de la fureur de Dieu, qui se trouve préparé pur, dans la coupe de sa colère. Il subira le supplice du feu et du soufre, devant les saints anges et devant l'Agneau. »). Dieu nous appelle à la foi et à la confiance en sa providence. Dieu enverra ses Anges pour protéger son peuple qui refusera de se laisser marquer par la Bête pour l'éternité. Dieu fournira à son Peuple tout ce dont il a besoin. Toutefois, sachez que ceux qui veulent être marqués du sceau de Dieu par les Anges doivent observer les dix commandements de Dieu, la pureté, la charité, la pauvreté, le partage et l'obéissance à l'Église. (Ap. 7, 3 : « Attendez, pour malmener la terre et la mer et les arbres, que la terre et la mer et les arbres que nous ayons marqué au front les serviteurs de notre Dieu »)

Plusieurs fois le démon m'a attaquée et il m'a dit : « Ma haine te tuera », « Je ruinerai tous tes efforts », « Je détruirai tout ce que tu fais », « Je te hais », « Je te guette », « Je te tuerai bientôt ». Je lui ai répondu que Dieu seul est Maître de la vie et de la mort. Il épie tous mes faits et gestes. Je l'entends aussi narguer la très Sainte vierge Marie en lui disant « Marie, je les tiens tous ». Il lui parle ainsi car il sait qu'elle souffre et verse des larmes de sang pour chacun de ses enfants que le Seigneur Jésus lui a donné au pied de la croix. Cependant, elle lui en arrache beaucoup grâce aux prières, aux jeûnes et aux sacrifices que des âmes de bonne volonté font pour leur conversion. C'est elle qui m'a appris l'amour du jeûne que je pratique trois fois par semaine, au pain et à l'eau. Personnellement je ne crains pas le démon car Jésus est toujours vainqueur quand on lui fait confiance. Même s'il est fort car il a la puissance d'un archange, Saint Michel l'a déjà vaincu. Dieu m'a fait entendre sa souffrance en enfer et m'a fait connaître sa colère. Il souffre terriblement car il ne pourra jamais plus contempler la divine Majesté face à face, ce qui fait son désespoir. J'ai remarqué que lorsque je demande à des personnes d'aller se confesser, il se met à hurler de douleur. Dieu m'a dit : « Le diable a peur de toi ».

Un jour, j'étais dans un avion à destination de l'Afrique où un évêque m'attendait pour évangéliser tout son diocèse. J'ai senti le démon trembler de peur car il savait que j'allais donner la lumière à beaucoup d'âmes et qu'elles se tourneraient vers la miséricorde de Dieu. J'ai même entendu les démons dire : « On la hait. On a peur d'elle ». Quand le démon se déchaînait contre mon âme, Dieu me disait : « Le martyre de l'âme, c'est pour la gloire de Dieu » et puis Il m'a invité à reposer dans son cœur. Quand les combats sont trop difficiles alors je comprends que je souffre pour que beaucoup d'âmes entrent un jour dans le royaume.

Je finirai en vous partageant une autre expérience mystique que Dieu m'a fait connaître récemment. En fermant les yeux et en regardant vers mon passé, mon âme voyait un lieu noir de ténèbres et quelques secondes plus tard, mon âme eut la joie de voir des gens dans le ciel, heureux, dans une lumière brillante. Ils étaient très actifs et avaient l'air heureux. J'ai été touchée par leur bonté et leur joie. Cela m'a encore plus donné l'envie d'aller au paradis et de vivre dans cette lumière si belle.

Vous savez pourquoi le Christ m'a choisie pour témoigner de Sa miséricorde ? Parce que sur terre, Il n'a pas trouvé plus grande misère et plus grande pécheresse que moi. Je menais une vie très hypocrite, mais le Christ m'a appelée à faire le tour du monde pour le salut des âmes ! C'est pourquoi Il m'a guérie pour le glorifier et m'a appelée à le faire aimer. Il m'a dit « Témoigne de ma miséricorde et porte mon Amour au monde ».

J'ai récemment évangélisé deux diocèses avec la permission de l'Évêque du lieu. Ce fut une joie pour moi de partager mon témoignage à plusieurs milliers de catholiques et de leur donner une image de Jésus miséricordieux contenant le chapelet à la miséricorde divine. Il y a quelques années, le Seigneur Jésus m'avait demandé de faire tout ce que je pouvais pour cette œuvre.

Jésus m'a dit que j'évangéliserai toute ma vie, qu'il ouvrirait les portes mais que j'aurai de continuelles attaques de Satan. Il m'a dit qu'Il m'avait accordé une grâce de célibat comme Saint Paul pour ma mission dans le monde. Il m'a été demandé de ne rien refuser à Jésus et à Marie qui font actuellement le tour du monde en apparaissant à de nombreux messagers, dans le but de sauver toutes les âmes possibles.

Dieu a déposé en moi son feu et ce feu me fait porter la vérité et me fait faire le tour du monde. Je n'arrêterai que le jour de ma mort.... Récemment le Saint Esprit m'a révélé que j'étais une élue. Je fus envahie de joie car je sais qu'il y a beaucoup d'appelés mais peu d'élus...

J'ai surtout remercié Dieu des millions de fois de m'avoir accordé la grâce d'être Catholique. Le plus grand don de Dieu pour mon âme a été mon baptême que j'ai reçu quelques jours après ma naissance. Il m'avait incorporée pour toujours à l'Église qui m'a accordé la grâce par lui que tous mes péchés soient remis, le péché originel et tous mes péchés personnels ainsi que toutes les peines du péché (C.E.C.1263). J'en remercierai Dieu pour toute l'éternité. Sans le baptême, je ne pourrai jamais entrer au ciel pour retrouver tous ceux que j'aime. Tous ceux qui refusent soit d'entrer dans l'Église Catholique, soit d'y persévérer alors qu'ils la sauraient fondée de Dieu par Jésus Christ, comme nécessaire, ceux-là ne pourraient pas être sauvés (C.E.C 846). Et dire que j'avais renié plusieurs fois mon baptême en quittant l'Église Catholique pour adhérer pendant quelques années au Nouvel Age, encore appelé New Age. Oui, vraiment Dieu a été miséricorde infinie pour mon âme. Qu'il en soit béni et glorifié.

Je le remercie aussi de m'avoir soutenue toutes les fois où Satan m'a oppressée de tentations de quitter l'Église pour entrer chez les Évangéliques ou chez les protestants. Il me montrait que si j'entrais chez eux, je n'aurai plus besoin de me confesser et les contraintes de ma foi catholique allaient disparaître. Mais ce qu'il ne me montrait pas c'est que mon âme aurait été condamnée par cette trahison, à moins que je n'ai accepté de les quitter et de m'en confesser tout en revenant à la Sainte Église Catholique, la seule que le Christ à fondé sur Pierre, le premier Pape. J'ai alors réalisé la ruse de l'ennemi pour perdre mon âme et la Sainte Vierge m'a donné un conseil : « Résiste aux suggestions diaboliques ».

Je n'ai pas été étonnée de savoir plus tard que Sainte Thérèse d'Avila, lors de sa descente en enfer, a souffert de la perte de tant d'âmes et en particulier de ces Luthériens qui étaient par le baptême membres de l'Eglise. S'ils s'étaient convertis à l'Église Catholique, ils auraient été sauvés.

Chers frères et sœurs, soyons des témoins du Christ et des martyrs pour sa gloire et soyons fidèles à la Sainte Eglise Catholique jusqu'à l'heure de notre mort…. Dieu a besoin de beaucoup de martyrs des derniers temps pour évangéliser afin de rassembler les élus. Voulez-vous aller au ciel un jour ? Alors témoignez de ce que Dieu a fait pour vous dans votre vie et ainsi vous obtiendrez miséricorde. Heureux les miséricordieux, car ils obtiendront miséricorde. (Mt 5, 7)

Quand le livre de la vie s'ouvrira devant les yeux de votre âme, au jour de votre jugement particulier vous aurez de la joie si vous avez beaucoup donné à Dieu, en priant, en vous sacrifiant et en évangélisant pour le salut des âmes. (« Et ils l'adoreront, tous les habitants de la terre dont le nom ne se trouve pas écrit, dès l'origine du monde, dans le livre de vie de l'Agneau égorgé » Ap 13, 8)

Dieu prolonge le temps de sa miséricorde afin que le maximum d'âmes soient sauvées, mais bientôt viendra le temps de sa justice qui sera terrible. Le feu du ciel tombera. (Alors le tiers des hommes fut exterminé par ces trois fléaux : le feu, la fumée et le soufre vomis de la bouche des chevaux. Apocalypse 9, 18)

Chers frères et sœurs, vous n'êtes pas sans savoir que notre époque est bien pire que celle de Sodome et Gomorrhe. Nous avons actuellement des lois contraires à la loi divine et qui offensent gravement Dieu (Divorce, mariage homosexuel, avortement, euthanasie, travail du dimanche). Dieu ne laissera pas cela impuni, tout comme il ne laissera pas impunies les âmes qui acceptent ces lois et les mettent en pratique. Yawhé fit pleuvoir du Sodome et sur Gomorrhe du souffre et du feu venant de lui. (Genèse 19, 1-29)

Chers frères et sœurs, n'oubliez jamais qu'il n'est pire sourd que celui qui ne veut pas entendre. Le feu du ciel consumera toutes les âmes qui auront refusé le repentir et d'observer humblement les commandements de Dieu.

Que le doux Saint Esprit vous remplisse de sa divine paix et de sa divine joie comme Il l'a fait pour moi. Il m'a demandé de porter son amour et sa paix au monde. Je me suis accomplie selon sa Parole. Mon âme était condamnée mais Jésus est venu me sauver ! Alléluia !

Loué soit Jésus-Christ !

Fabienne
http ://fabienne.guerrero.free.fr/
Pour inviter Fabienne fabienne.guerrero@outlook.com
Téléphone 04.67.62.14.64 (France) 07.87.52.77.53

scapulaire du Mont Carmel

(livré avec le rituel d'imposition à donner au prêtre pour l'imposition. A commander au 04.67.62.14.64)

Le Scapulaire de Notre Dame du Mont CARMEL

La dévotion au scapulaire de Notre Dame du Mont Carmel est depuis cinq siècles avec le Rosaire une des principales dévotions mariales de l'Eglise. Elle trouve son origine dans l'habit que portent les frères et sœurs de l'Ordre du Carmel, par lequel La Vierge Marie a assuré un des leurs, Saint Simon Stock, de sa protection. Elle consiste dans le port de deux petits morceaux d'étoffe brune reliés par des lacets, représentant le grand scapulaire porté par les religieux et religieuses. Porté dans un esprit de dévotion filiale à la Vierge Marie, il fait bénéficier des promesses faite par elle à son Ordre : celle du salut, et celle de venir délivrer du purgatoire le samedi suivant la mort.

CHAPELET POUR LE SALUT DES AMES

Jésus: «Je vous donne un nouveau chapelet pour prier pour les temps que vous vivez, pour le salut de la famille et pour les âmes».

5000 âmes sont sauvées chaque fois que vous récitez ce chapelet

Un nouveau Chapelet du Sacré-Cœur de Jésus et du Cœur Immaculé de Marie, enseigné par Jésus-Christ, le 18 Février 1998

(Extrait de «Messages du ciel» traduits par le Père Adolf Faroni – Notre Seigneur et Notre Dame parlent au monde à Tina du Saint-Sacrement)

Nihil obstat: 13-VIII-98 Mgr. JC Abriol – Vic. gén. du diocèse de Manille

Notre Seigneur a dit à Tina qu'il faut dire ce chapelet tous les jours et à chaque fois qu'il est récité, 5.000 âmes sont sauvées jusqu'à quatre générations à venir. Cette prière est autant valable qu'un exorcisme parce que la puissance des deux cœurs est si forte qu'elle fera fuir le mal.

CHAPELET A RECITER TOUS LES JOURS

« Credo » « Notre Père » 3 fois « Je vous salue Marie » « Gloire au Père »

A chaque dizaine :

- Sur les gros grains : Père éternel, je vous offre le Sacré-Cœur de Jésus et le Cœur Immaculé de Marie pour le salut de nos âmes, de nos familles et du monde entier.
- Sur chacun des 10 petits grains : Sacré-Cœur de Jésus, aie pitié de nous - Cœur Immaculé de Marie, priez pour nous.
-
- A la fin : 3 Gloire au Père
- « Au nom du Père, et du Fils, et du Saint-Esprit ».

Pour avoir des copies de ce chapelet : contactez le 04.67.62.14.64)

(1) Le chapelet à la miséricorde divine

Au début : Notre Père, Je vous salue, Je crois en Dieu

- Sur les gros grains du Notre Père (1 fois) : Père Eternel, je T'offre le Corps et le Sang, l'Ame et la Divinité de Ton Fils bien-aimé, Notre Seigneur Jésus Christ. En réparation de nos péchés et de ceux du monde entier.

- Sur les petits grains du Je vous salue Marie (10 fois) : Par Sa douloureuse Passion, sois miséricordieux pour nous et pour le monde entier.

- A la fin (3 fois) : Dieu Saint, Dieu Fort, Dieu Éternel, prends pitié de nous et du monde entier » (PJ 476).

Promesses du Seigneur Jésus pour ceux qui prient ce chapelet (tirées du Petit Journal de Sœur Faustine Kowalska)

« Oh ! Quelles grandes grâces J'accorderai aux âmes qui diront ce chapelet (...) Inscris ces mots, ma fille, parle au monde de ma miséricorde, que l'humanité entière apprenne à connaître Mon insondable miséricorde. C'est un signe pour les derniers temps, après viendra le jour de la justice. Tant qu'il en est temps, que les hommes aient recours à la source de la miséricorde, qu'ils profitent du sang et de l'eau qui ont jailli pour eux » (PJ 848).

« Récite constamment le chapelet que Je t'ai enseigné. Quiconque le dira, accédera à une grande miséricorde à l'heure de sa mort. Les prêtres le recommanderont aux pécheurs comme ultime planche de salut ; même le pécheur le plus endurci, s'il récite ce chapelet une seule fois, obtiendra la grâce de Mon infinie miséricorde » (PJ 687). Si l'on récite ce chapelet auprès d'un agonisant, Je me tiendrai entre le Père et l'âme agonisante, non pas en tant que Juge juste, mais comme Sauveur miséricordieux » (PJ 1541).

« A l'heure de la mort Je défends comme ma propre gloire chaque âme qui récite ce chapelet elle-même, ou bien si d'autres le récitent près de l'agonisant – l'indulgence est la même.